스물아홉에 시작한 ▨컨설팅이 지천명이 되었습니다.

▨ 노포 컨설턴트가 되었습니다.

▨면 생기는 것이 식당입니다.

▨에도 있고 산과 들에도 있습니다.

우리 인구 70명쯤에 한 개 꼴로 식당이 흔합니다.

그런데 우리는 멋진 식당을 찾기 힘듭니다.

돈이 아깝지 않은 식당을 구경하기 힘듭니다.

그래서 어쩌다 만나는 그런 식당에 줄을 섭니다.

한 시간 넘게 줄을 서는 수고도 마다하지 않습니다.

손님이 바라는 식당은 좋은 식당입니다.

맛있는 식당이 아니라, 돈이 아깝지 않은 식당입니다.

맛있다가 아니라, 맛있게 먹게끔 도와주는 식당입니다.

맛의 정점을 찍는 음식이 아니라,

돈값에 당당하고 적당히 흐뭇할 음식이면 됩니다.

손님이 불러서 가면 심부름입니다.

하지만 손님이 부르기 전에 가면 서비스가 됩니다.

식당은 외식업이지만 서비스업입니다.

식당은 음식을 손수 만드는 제조업이기도 합니다.

식당업을 처음 시작하는 사람들이

그런 식당을 만들고 운영하는 일은 사실 어렵습니다.

누가 알려주지 않으니 방법을 알 까닭이 없습니다.

이 책은 그런 일상의 부대낌을 매일 겪는 20년 차 컨설턴트가

조곤조곤 자신의 지혜를 숨김없이 보여준 비밀스런 일기장입니다.

식당,
생각을 깨야
이긴다

식당 창업, 컨설턴트의 생각을 훔쳐라

식당, 생각을 깨야 이긴다

초판 1쇄 발행 2019년 7월 30일
초판 2쇄 발행 2021년 3월 10일

지은이 **이경태**
펴낸이 **백광옥**
펴낸곳 **천그루숲**
등 록 2016년 8월 24일 제25100-2016-000049호

주 소 (06990) 서울시 동작구 동작대로29길 119
전 화 02-594-7163 팩스 050-4022-0784 카카오톡 천그루숲
이메일 ilove784@gmail.com

기획/마케팅 백지수
인쇄 예림인쇄 제책 예림바인딩

ISBN 979-11-88348-49-7 (13320) 종이책
ISBN 979-11-88348-50-3 (15320) 전자책

이 도서의 국립중앙도서관 출판예정도서목록(CIP)은 서지정보유통지원시스템 홈페이지(http://seoji.nl.go.kr)와
국가자료공동목록시스템(http://www.nl.go.kr/kolisnet)에서 이용하실 수 있습니다.
(CIP제어번호 : CIPCIP2019027734)

식당 창업, 컨설턴트의 생각을 훔쳐라

이경태 지음

식당,
생각을 깨야
이긴다

책과나무 숲

대한민국에는 식당이 참 많다. 그래서 산간벽지에 가도 돈만 있으면 굶을 걱정이 없다. 오히려 이런 곳에는 어떤 맛이 있을까 궁금하기도 하다. 하지만 대부분은 다 실패다. 밥 하나 김치 하나 제대로 내어놓는 집이 드물다. 식당은 지천으로 깔려 있는데 막상 들어갈 단골 식당은 찾기 힘들다. 귀한 손님에게 부끄럽지 않을 식당 안내는 더더욱 힘들다.

그 이유는 '할 거 없으면 식당이나 하지, 뭐'이기 때문이다. 하다 하다 안 되면 마지막이 식당이라는 인식은 90년대나 지금이나 변함이 없다. 수많은 월급쟁이에게 식당 자영업은 인생 후반전에 거쳐야 하는 통과의례일지도 모르는데 도통 식당 창업에 대한 준비는 건성이다.

유행하는 아이템, 유동량이 많은 목 좋은 자리의 선점이 최선이라고 생각한다. 감당해야 할 투자금과 매달 지불하는 월세의 무서움을 모른다. 그래서 전 재산을 갖다 바치고, 스스로 월세의 노예살이를 자청하면서 가족까지 힘들게 일해야 하는 창업을 마다하지 않는다.

20년 전 필자의 첫 책에서도 비슷한 머리말을 썼던 기억이 있다. 그런데 20년이 지나 15번째 책의 머리말에도 당시와 비슷한 소리를 한다는 점이 참 마음 아프다. 그만큼 식당은 아직도 낙후된 영역이다. 아무나 덤비면 되는 영역이고, 누구나 마음만 먹으면 차릴 수 있는 환경도 문제다.

취업이 힘든 세상이다. 취업을 한다고 해도 나이 오십이 넘으면 기백만원짜리 일자리도 버겁다. 심지어 40대에게도 일자리는 만만치 않다. 그만큼 현실은 무섭다. 그래서 쉬운 도피처가 바로 자영업 창업이다. 그중에서도 식당은 차리기 쉽다. 쉬워서는 안 되지만 현실적으로는 아주 쉽다. 기백만원의 노동이라면 창업이 차라리 낫겠다는 판단이지만, 큰일 날 소리다. 창업의 반대는 실패다. 실패가 그저 자신의 통장에 있던 잉여자금 정도를 날리는 거라면 모르겠지만, 전 재산은 물론이고 남의 돈(은행이건 사채이건 지인의 돈이건)까지 끌어다 빚쟁이가 된다는 점은 큰 문제다.

김치 하나만 잘 만들어도 먹고살 수 있다. 그 흔한 떡볶이 하나만 제대로 만들 줄 알아도 잘 먹고살 수 있다. 벤츠를 타는 노점 떡볶이 주인도 필자는 본 적이 있다. 그 뻔한 라면이나 백반을 팔아서 집을 사고 건물도 사는 일도 부지기수다. 그만큼 식당은 기회의 땅이다. 그 이유는 먹고사는 일은 우리 생활에서 가장 중요한 부분이기 때문이다. 금강산도 식후경이고, 아무리 즐거운 여행도 먹거리가 부실하면 재미없고, 흥미진진한 TV 프로그램에서도 결국 먹는 걸로 화룡점정을 찍어야 시청률이 오르듯이 먹는 것은 사람에게 가장 소중하고 꼭 필요한 일이다. 그걸 비즈니스 하는 식당은 그래서 성공의 파이가 아주 크다.

직장인에게 연봉 1억은 하늘의 별 따기지만, 식당을 차려서 월수입

천만원은 해보면 이게 이렇게 쉬운가 할 정도다. 물론 백에 한둘에 해당하는 이야기다. 그런데 준비를 잘하면 백에 한둘은 못 돼도 실패하지 않는 열에 둘 안에는 포함될 수 있다. 백에 한둘이 목표가 아니라 열에 둘은 되어야 한다. 그러자면 생각을 깨야 한다.

이 책에서는 식당 창업에 있어, 또 식당을 운영함에 있어 우리가 안이하게 가지고 있던 생각을 깨는 방법을 이야기하고 싶었다. 21년 동안 컨설턴트로 살아오면서 식당주들에게 해주고 싶은 이야기를 쉽지만 강하게 전달하고 싶었다. 그래서 Part 1에서는 인생 후반전을 준비하는 직장인이 퇴직 후 실제 식당 창업에 도전하는 과정을 '창업일기' 형식으로 구성해 보았다. 그리고 Part 2에서는 이렇게 창업한 식당주들이 스스로 안주하며 발전하지 않을 때 반드시 망할 수밖에 없는 12가지 이유를 정리해 보았다. Part 3은 필자가 컨설팅을 시작하며 21년 동안 느끼고 겪은 식당 창업의 방향과 장사의 개념을 풀어 보았다. 가장 좋은 컨설팅은 식당주 스스로가 컨설턴트가 되는 것이다. 이를 통해 생각이 깨이면 스스로 물고기 잡는 법을 터득할 수 있기 때문이다.

이 책은 바로 그런 개념을 바꾸는 이야기다. 돈으로 그저 쉽게 창업하는 이야기가 아니라, 개념을 바꾸고 전념을 해서 인생 후반전에 도전하는 이야기다. 이 이야기가 얼마나 많은 이에게 전달될지는 모르겠지만 이 책을 본 사람만이라도 실패에서 벗어나는 기회가 되었으면 좋겠다.

남양주 다산에서
이경태

차 례

식당이 망하는 12가지 이유

Part 3 컨설턴트의 생각을 말하다

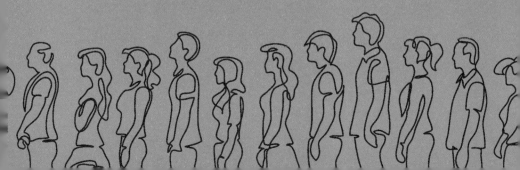

Part 1

식당 창업,
컨설턴트에게 길을 묻다

직장을 20년 다녔습니다. 나이는 이제 마흔다섯이 되었습니다. 은퇴의 압박은 아직 여유가 있지만 내 스스로 인생 후반전을 준비하기로 결심했습니다. 회사에 다니는 것이 안전하다는 것을 몰라서가 아닙니다. 열심히 일한 덕분에 직장에서 높은 지위와 안정적인 수익을 얻고 있지만, 그런다고 100세 시대를 버틸 만큼 돈을 많이 버는 것도 아니고 무엇보다 언젠가는 나가야 할 직장이라면 좀 더 젊었을 때 시작하는 것이 나를 위한 진짜 안전한 투자라고 판단했기 때문입니다.

그래서 '무엇을 할까?' 많은 고민을 해보았습니다. 그런데 정작 회사 출퇴근 하는 것 말고는 할 줄 아는 게 너무 없다는 사실에 놀랐습니다. 이때 문득 식당업이 생각났습니다. 이유는 단 하나였습니다. 식당을 주인으로는 첫 도전이겠지만, 손님으로는 넘칠 만큼 많은 경험을 가졌기 때문입니다. 그동안 가본 식당 수만도 수백 개는 되고, 식당에서 느낀 즐거움과 아쉬움도 그만큼입니다. 그래서 무작정이 아니라, 손님으로서 내가 느꼈던 장점과 단점을 잘 조율한다면 해 볼 만하다는 결심을 하게 되었습니다. 그건 저만의 생각은 아니겠지만 말입니다.

제일 먼저 시작한 것은 책 읽기였습니다. 남들은 박람회나 설명회를 통해 아이템을 선택하는데 열심이지만 저는 그건 그다지 중요한 문제가 아니라고 생각했습니다. 아이템이란 결국 유행의 단면이기도 하고, 장사를 해마다 유행하는 걸로 바꿔가면서 할 수 있는 건 아니라는 판단이 들었기 때문입니다. 장사가 무엇인지, 어떻게 하는 건지 살펴보고 싶었습니다. 장사의 성공요인과 성공사례를 체험하고 싶었습니다. 실패하는 이유가 뭔지도 알고 싶었습니다. 그런 책을 찾는 일은 클릭 한 번으로 아주 간단했습니다. 최고의 장사 책을 찾는 일도 아니었고, 최고의 창업 책을 통해 지름길을 가고자 함이 아니었기에 키워드로 '식당 창업' '식당 경영'이라는 보편적 단어로 인터넷을 통해 제목만 보고 골라낸 책 50권을 사는 값으로 70만원을 썼습니다. 새로운 인생 도전에 대한 공부 값으로 겨우 70만원을 썼습니다. 남들이 아이템 검색과 발굴을 빌미로 맛집·대박집을 탐방하는 돈에 비하면 정말 가벼운 투자였습니다. 그리고 매일 줄을 쳐가면서 책을 읽었습니다. 책을 요약했고, 책에서 말하는 바가 무엇인지 나름의 방식으로 정리했습니다.

그리고 두 번째로 한 일이 멘토를 선택하는 일이었습니다. 저는 제 스타일과 가장 잘 맞는 궁합의 멘토가 누구인지 책을 통해 찾고자 했습니다. 일일이 만나서 상담하고 결정하는 것도 좋지만, 시간과 비용도 생각해야 했기에 책을 통해 제 식당 스승을 찾기로 작정하고 50권을 통달했습니다. 자세한 이야기는 곧 이어서 할 테지만, 저는 결국 식당으로 성공했습니다. 50평 정도의 규모에서 월 5,000만원의 매출을 올리고 있고, 수익은 직장 다닐 때보다 훨씬 많은 연봉 1억원이 넘습니다. 그리고 그 수익은 제가 일해서 번 돈, 퇴직이 걱정 없는 내 사업, 평생직장으로 버는 돈이었습니다.

바로 그 이야기를 지금부터 시작할까 합니다. 책 50권 값으로 70만원을 쓰면서 준비한 초보 식당 주인의 창업 이야기를 말이죠. 내가 선택한 멘토와 내가 선택한 그 방향대로 식당을 만들어 성공한 그 이야기를 한 번 가감 없이 풀어볼까 합니다.

01

책에서
식당의 길을 찾다

동네에 한량이 한 사람 있습니다. 아이들 축구학원 때문에 알게 된 학부형인데 직업이 컨설턴트라고 했습니다. 그것도 식당을 컨설팅한다고 해서 그런가 보다 했습니다. 어차피 당시에는 내 인생에 식당은 있지도, 있을 리도 없는 단어였으니까요.

어쩌다 마주치면 항상 추리닝 차림이었고, 가끔 보면 낮부터 술에 젖어 있어 '세상 참 편하게 사는구나' 하는 느낌이었습니다. 그런데 그런 한량이라도 막상 내가 식당 창업에 관심을 가지게 되니 묻고 싶은 것이 많았습니다.

"화진이네 형님은 원래 프리랜서인 거야?" 아내에게 물으면 아내는 "술은 당신이 같이 마시면서 그런 걸 왜 나에게 물어. 묻기는?" 하고 핀잔을 줍니다. 그래서 아이가 아닌 내 이유로 술 한잔하자고 연락을 했습니다. 대화를 해보고 믿을 만하다 싶으면 도와 달라고 청하고, 그렇지 않으면 대충 식당 차리는 일에 대한 개론이라도 얻어들을까 하는 마

식당, 생각을 깨야 이긴다

음에서였습니다. 동네 친구로서의 전화라고 생각한 화진 아빠는 흔쾌히 시간을 내주었습니다. 만나자마자 가볍게 아무렇지 않게 "회사를 그만두었어요. 앞으로 살 인생의 직업으로 곰곰이 고민한 결과 식당을 준비하려고 하는데…"라고 운을 떼자마자 말을 가로막았습니다.

"철수 아빠. 식당 하지 마. 그냥 다른 거 해. 아니면 원래대로 직장에 다녀. 괜히 분란만 일으키지 말고. 그냥 어떡하든 지금 직장에 다시 들어가서 버텨 봐. 버틸 때까지 버텨 봐."

이미 직장을 그만둔 사람에게 말 같지 않은 말을 합니다. 갑자기 빈정이 상했습니다. 말을 가로막는 그 태도에 약도 올랐습니다.
'지가 뭐라고 하라 마라야.'
"형님이 하는 일이 식당 차리는 거 막는 건가요? 그렇게 하고 돈 버는 건가요?"
비꼬듯이 던졌습니다. 그러자 화진 아빠가 웃으면서 어깨를 칩니다.
"그건 아니지만 반은 맞아. 망할 사람에게서 받는 돈으로 먹고살기는 싫으니까."
그러면서 차근히 이렇게 말해 주었습니다.

"그럼, 철수 아빠는 내가 '이것 하라'고 하면 무조건 할 거야? 아니면 철수 아빠가 하고 싶다는 거 있으면 내가 도와줘서 차리면 될 거 같아? 다 부질없는 짓이야. 식당을 하면 열에 여덟이 망하는데 그건 다 이유가 있는 거야. 제일 큰 이유는 공부 부족이야. 대학교까지는 말할 것도 없고, 중학교에서 고등학교 갈 때도 아이에게 공부하라고 하지? 아이들에게 공부 소리 지겹게 하잖아. 그 아이가 대학 나와서 직장 들어갈 때도 공부해야지? 죽어라 해야지? 하라는 소리 안 해도 지가 알아서 죽어라 하잖아. 그런데 그런다고 다 좋은 직장 들어가면 청년 실업자는 왜 점점 늘까?"

식당에 대한 상담을 받으려다 인생 상담까지 거론하는가 싶어 기분이 점점 더 나빠졌습니다. 자기가 아는 분야라고 너무 일방적으로 가르치려는 거 같아 얼굴이 찌푸려집니다. 그게 읽혀졌는가 봅니다. 갑자기 화진 아빠가 정색을 하고 말합니다.

"철수 아빠. 내가 무슨 일 하는지 정확히 모르지? 알려고도 안 했지? 내가 전에 준 책은 읽어나 봤어? 내 홈페이지 한 번이라도 찾아보고서 나에게 전화한 걸까? 아니잖아. 그냥 동네 아이들 친구 아빠니까 편하게 불러낸 거잖아. 지금 식당 창업을 그런 마음으로 생각하는 거잖아. 아니라고 말하지 마. 나를 안다면 이렇게 나를 불러내지도 못하고, 그런 식으로 우유부단하게 질문할 수도 없어. 철수 아빠는 지금 인생 후반전의 중차대한 일을 아주 가볍게 덤비고 있는 거야."

속으로 뜨끔했습니다. 맞습니다. 나는 그 형님의 책도 건성으로 봤고, 홈페이지에는 들어가 볼 생각조차 안 했습니다. 혹시 도움이 될 거 같으면 동네 지인으로서 어떻게 뭐 좀 해달라고 해보지 하는 생각이었습니다. 그걸 들켰으니 얼굴이 빨개졌습니다.

"철수 아빠. 내가 하는 일이 식당 차리는 걸 돕는 건 맞아. 그런데 그 일을 오래 하다 보니까 이게 뭐 하는 짓인가 하는 생각이 들더라구. 아무런 공부도 하지 않고, 돈으로 숙제를 하려는 사람들 돕는 게 내가 해왔던 일이었다는 걸 깨닫게 되더라구. 그게 무슨 말인고 하니, 정작 장사를 할 사람은 식

식당, 생각을 깨야 이긴다

당 장사가 어떤 건지도 모르는데 나는 그렇게 준비도 안 된 사람에게 식당을 차려주었단 소리야.”

더 이상의 길고 긴 화진 아빠의 훈계 같은 소리는 그만두겠습니다. 그 이야기는 차차 자연스럽게 담겨질 테니 말이죠. 긴 이야기의 끝을 정리하면 이렇습니다.

“책부터 봐. 나에게 궁금한 게 구체적으로 뭔지도 모르니까 책부터 봐. 책을 보다 보면 본인이 궁금한 것이 뭐고, 아예 몰랐던 것이 뭔지 알 수 있으니까! 남에게 물어보는 것도 내가 뭘 알고 싶은지 알고 묻는 것과 그조차 모르고 묻는 건 차이가 있어. 묻기 전에 내가 뭘 알아야 좋은지 책을 통해 익히는 시간이 필요해.

어떤 책이 좋은지는 아무도 몰라. 그러니까 제목을 보고 고르던, 목차를 보고 고르던, 저자 이름을 보고 고르던 그건 마음대로 해도 좋아. 읽다가 재미없으면 덮으면 되고, 말 같지 않은 소리면 돈 주고 샀지만 그깟 책 버리면 되지. ‘식당 창업’ ‘식당 경영’ ‘장사사례’ 등등의 이야기를 담은 책 50권 정도만 읽어봐! 그 책값이 아깝다고? 그래 봐야 70~80만원 정도야. 그런 돈이 아까워 책도 안 보고 식당을 해보겠다는 사람을 보면 가소롭기 그지없어. 권리금이 수천만원이고, 월세도 수백만원인데 70만원 투자하여 책을 보는 수고도 없이 식당을 준비한다는 게 말이 돼? 읽다가 마음에 들지 않아서 버려봐야 몇만원, 그 돈 아껴서 부자 될 건가?”

그래서 일단 책부터 샀습니다. 100권쯤은 읽고 창업을 해야 아이들에게도 미안하지 않고, 아내에게도 믿음을 줄 거 같았습니다. 하루에 한 권씩 100권을 100일 동안 읽으면 곰이 인간이 되듯 저도 어렴풋하게나마 '식당 장사라는 것에 눈을 뜨지 않을까?' 하는 마음으로 책을 읽기 시작했습니다. 화진 아빠 말대로 읽다가 지루하면 덮고 다른 책을 보면 되고, 읽다가 허접하면 그 책은 버리면 그만이라는 마음으로 100권 읽기에 도전했습니다. 그런데 신기하게도 나중에는 식당 관련 책들만으로는 모자라 '심리학' '광고학' 같은 책까지도 읽게 되었습니다. 그러면서 의아했던 것이 창업은 우리에게 매우 중요한 문제인데, 막상 창업 책은 몇십 권 정도 보다 보면 더 이상 고를 게 없을 정도로 양이 적다는 점도 놀라웠습니다. 하여간 100일 동안 책만 읽다 보니 이러다 어느 세월에 식당을 차리나 염려도 생겼지만 책 읽기라는 '준비'도 하지 않고 시작하려던 내가 한심스러웠고, 화진 아빠 덕분에 책을 읽으면서 식당을 차리는 일이 얼마나 어렵고 식당을 운영하는 일은 얼마나 더 어려운지를 알았기에 다행이라는 생각이 들었습니다.

하여간 곰이 마늘을 100일 먹듯이 책을 읽었습니다(실제로는 50권 정도 읽었습니다). 깊이 읽어야 할 것은 줄을 쳐가며 읽고, 너무 뻔한 말에는 비웃음도 던지면서 책을 덮었습니다. 지하철역 근처, 정류장 근처, 시장 초입이 좋은 자리인지 누가 모르나요? 멋지게 차려입고 웃으면서 푸근하게 말 거는 서비스가 좋은 줄 누가 모르나요? 그런 뻔한 이야기를 허세로 꾸민 이야기들은 버려가면서 책을 읽었습니다.

책을 읽으면서 '내가 진짜 식당을 할 수 있을까?' '과연 창업은 할 수 있을까?' '창업하고 나서 그다음은 어떻게 꾸려가야 할까?'를 끊임없이 질문했습니다. 사실 이런 질문을 하게 된 것도 책을 읽었기에 가능한 일이었습니다. 책을 통한 간접 경험이 없었더라면, 창업은 그저 돈으로 일사천리였을 테고, 망하는 것도 그보다 빠른 일사만리였을 겁니다.

02

멘토를 만나다

꼬박 100일을 집에서 책만 읽었습니다. 아내의 구박과 의심의 눈초리는 끝이 없었지만, 끄떡도 하지 않고 책만 파고들었습니다. 뭔가 개념이 잡히는 게 신기했습니다. 정확히는 모르지만, 지금은 왜 상권이 중요하지 않고, 업종마다 왜 마케팅이 차이가 나고, 장사라는 것이 왜 심리싸움인지도 알 듯 싶었습니다. 하지만 책을 읽을수록 답답함도 정비례했습니다. 교수들의 책은 지나치게 비현실적이어서 지루했고, 컨설턴트들의 책은 서로 공유하고 글을 쓰는지 현실과 이상을 오가는 애매모호한 말 때문에 이게 맞다는 말인지 저게 맞다는 말인지 헷갈렸습니다. 식당으로 성공한 사람들의 책은 한결같이 그 고비를 견디면 고생 끝에 낙이 온다는 드라마 같은 말들이었습니다. 심지어 진짜배기는 감추고 겉으로 미끼만 던져 준 것 같아 불쾌하기도 했습니다.

그렇게 책을 많이 보다 보니 옥석이 저절로 가려졌습니다. 어느 게 진심으로 적은 글인지 알맹이인지를 알게 되었습니다. 그중에서도 대한민국에 이만한 주가를 올린 외식인이 또 있을까 싶은 백종원 씨의 책이나, 한 동네를 평정한 젊은 외식인들의 이야기는 매우 흥미로웠습니다. 그렇게 50권 가까운 책에서 밑줄을 가장 많이 치면서 골라낸 책이 10권쯤 되다 보니 100일의 도전은 가치 있는 시간이었습니다. 그런데 그렇게 남겨진 열 권의 책 중에서 화진 아빠의 책이 몇 권이라는 점에 놀라움을 감출 수 없었습니다. 같이 동네에서 식사를 할 적에 그가 툭 던지던 말이 무슨 말이었는지 이해가 되니 새삼 달리 보였습니다.

"형님. 말씀대로 책 50권을 읽었습니다. 이제 뭘 할까요?"
그러자 의외로 따뜻한 목소리로 답을 줍니다.
"뭘 하고 싶은데? 뭘 했으면 좋을 거 같은데?"
"책을 읽고 보니 솔직히 복잡하고 더 어렵네요. 이 책은 이게 맞다고 하고, 저 책은 저게 맞다고 하니 어느 것을 따라야 할지 모르겠어요."
"맞아. 그러라고 책을 보라고 한 거야. 앞으로 철수 아빠가 할 무수한 선택이 기다리고 있음을 깨우쳐 보라고 그리 한 거야. 그리고 또 얻은 게 있을 거야. 식당 창업이 생각보다 많이 힘들고 위험하고 피할 수 있으면 피하는 것이 맞다는 거지. 안 그래?"

정확한 말이었습니다. 책을 보기 전에는 가진 돈에 맞춰 적당한 자리 구하고 요즘 잘되는 업종을 고른 후, 누가 알려주면 배워서 차리고 그게 어려우면 체인점으로 시작하면 되지라고 생각했었습니다. 차리고 나서는 더 쉽다고 생각했습니다. 청소 잘하고 잘 웃고 좀 더 많이 주면 그거 뭐 어려울까? 그런 마음이었습니다. 하지만 책 50권을 읽고 나니 그 생각이 얼마나 가소로운지 충분히 깨달을 수 있었습니다. 그 깨달음만으로도 책값은 아깝지 않았고, 책을 읽은 시간이 소중하기만 했습니다.

당구를 배울 때 무작정 공이 구르는 방향을 보면서 배운 친구와 책을 통해 당점과 회전의 이유를 배우고 친 친구의 실력 차이처럼 사뭇 다름을 책을 읽고 나니 확실히 알 수 있었습니다.

"그런데 형님. 백문이 불여일견이라고 책도 좋지만, 직접 형님이 컨설팅해 주면 더 빠르고 쉽고 더 낫지 않나요? 형님도 돈 버셔서 좋고요."

그러자 그런 소리를 많이 들었다는 듯이 웃으면서 말합니다.

"책을 그만큼 읽었으니까 그런 소리를 하는 거야. 읽기 전이었다면 그런 소리는 못할 테니까. 그런데 말이야. 당사자가 이해를 하면서 따르는 내 판단과, 당사자는 다른 의견임에도 전문가인 내가 하자고 해서 따르는 결정이라면 어떨까? 그 결과가 좋을까? 본인은 1+1은 절대 3이 될 수 없다고 믿는데 내가 4나 5가 될 수도 있다고 말하면 그걸 따를 수 있는지 말이야. 본인도 지금까지 살아온 세월이 있고 경험이 있을 텐데…"

또 긴 화진 아빠의 훈계와 같은 이야기는 줄이도록 하겠습니다. 그 세세한 이야기는 화진 아빠가 쓴 열 몇 권의 책 중에서 서너 권만 직접 읽음으로써 해결될 수 있을 테니, 저는 반복하지 않겠습니다.

책을 읽음으로써 그 책을 쓴 사람의 생각과 방향을 읽어라.
그 생각과 논리의 수준이 합당하고 올바른지 판단하라.
내가 본으로 삼고 따라도 좋은 멘토, 스승인지 결정하라.
결정했다면 그 방식을 의심하지 마라.
나는 초짜지만 이미 그는 프로니 믿고 따라라.

03

어디에
차릴 것인가?

화진 아빠(앞으로는 이 소장으로 칭하겠습니다)는 저에게 발품을 많이 팔아서 매물을 뒤져보라고 했습니다. 어떤 조건도 방식도 알려주지 않았습니다. 그저 가서 부딪혀 보라고 했습니다. 단, 부동산 응대요령 몇 가지는 알려주었습니다. 이게 왜 중요한지는 겪어보고 깨달았습니다. 이 소장의 노하우가 단순히 시간 덕에 쌓인 게 아니라는 것을 알 수 있었습니다.

1. 복장은 절대 허술하게 입고 가지 마라. 사람들은 대개 복장을 보고 깐본다. 복장 때문에 싼 매물을 찾는다고 판단하고 문전박대를 한다.
2. 지금 식당을 운영하고 있다고 말해라. 처음 하는 식당이라고 하면 판단을 내리지 못할 거고, 많이 보여줘 봐야 수고만 하다 끝날 수 있다는 경험 때문에 건성으로 알려준다. 그러니 현재 식당을 하고 있고, 해본 경험이 많다고 해라. 그래야 권리금, 월세 싼 것을 찾는다고 해

식당, 생각을 깨야 이긴다

도 관심을 갖는다.

3. 다른 중개인이 보여줬던 매물은 또 보지 마라. 나중에 중복된 매물을 결정할 때 큰 싸움이 일어난다. 큰돈을 쓰게 될 창업자에게는 복비가 큰 비중을 차지하지 않지만, 중개인에게는 큰돈이다. 그래서 한 번 본 매물은 다른 중개인과 같이 동행해서 보지 말아야 한다.

직장에 출근하는 것처럼 아침에 밥을 먹으면 내가 눈여겨 봤던 동네로 갔습니다. 내가 살았던 동네도 가보고, 회사 근처도 가보고, 손님으로 자주 갔던 동네도 가봤습니다. 그런데 놀라운 것은 점포 임대료가 정말 비싸다는 겁니다. 권리금은 차치하고 월세가 말도 못하게 비쌌습니다. 아파트는 월세로 100만원이면 꽤 넉넉한 크기를 얻을 수 있는데, 상가는 10평짜리가 200만원, 300만원은 우스웠습니다. 정말 그런 가게를 얻어서 돈을 벌려면 얼마나 팔아야 하는지 아찔했습니다. 그래서 구두 한 켤레가 헤어질 즈음(그전까지는 연락을 하지 말라는 이 소장이어서) 이 소장을 다시 만났습니다.

"'소장님, 어찌하오리까?'라는 말부터 꺼내고 싶습니다."

"어때? 둘러보니까 식당 차리는 게 무서워지지 않아? 그 비싼 월세를 낼 자신이 없어지지? 도대체 하루에 얼마나 팔아야 하는지 걱정되지? 그러라고 둘러보라고 한 거야."

"그럼 어떡해야 할까요?"

"쉽게 생각하자구. 월세가 비싼 곳은 유동량이 많지? 그런데 그만큼 경쟁자도 많을 거야. 거기서 싸워 이기려면 대단한 음식이거나, 근사한 시설이거나, 굉장한 노하우가 있거나, 오래 싸울 실탄이 든든하거나 겠지? 지금 철수 아빠는 어때? 그중에서 갖춘 것이 있어?"

"이런 염려는 어떤가요? 아직 활성화되지 않은 동네에 가서 자리 잡았는데, 나중에 그 동네가 유명해져 월세가 올라서 떠나야 하는, 일명 젠트리피케이션 걱정은요?"

그 말에 이 소장은 피식 웃더군요.

"거기가 어딘데? 그런 곳을 안다구? 나도 모르는데 철수 아빠가 그런 곳을 안다구? 그냥 그런 건 머리에서 지워. 그런 걱정까지 미리 사서 할 이유 없으니까. 순리대로 생각해. 그런 날이 오면 나가면 되는 거야. 감당할 수 있으면 하는 거고, 못하겠으면 나가면 되는 거야. 그런 일 벌어질까 잠 못 잘 걱정이라면 아무것도 하지 마. 식당 차리는 거 스톱하라구."

"철수 아빠. 생각해 봐. 아무리 권리금을 많이 줘도 그보다 더 주는 자리도 수두룩해. 좋은 자리라고 얻어서 월세 300만원 낸다고 쳐도, 그 동네에는 500만원, 700만원짜리도 있을 거야. 그렇지? 그런 자리와 싸워서는 못 이겨. 돈 놓고 돈 먹으려는 사람들을 무슨 수로 이기냐구. 상권분석? 누구나 다 하는 말이야. 지금은 상권분석을 하는 시대는 끝났어. 괜한 헛수고야. 오히려 그 분석 때문에 스스로 자멸의 길로 뛰어들 수 있어. 이렇게 단언하는 이유는 지금은 누구나 쉽게 정보를 찾고 길을 찾는 도구를 하나씩 가졌기 때문이야. SNS라는 관계망을 통해 전파력이 급속도로 빨라졌기 때문에 식당은 들어오게 하는 게 아니라 찾아오게 하는 거로 변했어. 이건 굉장히 중요한 말이야. 들어오게 하려면 접근성이 좋아야 하고, 접근성이란 것은 유동량과 더불어 점포의 임대료 가치에 근간이 되는 거야. 그런데 '찾아오게'라는 말은 어디에 있어도 상관없다는 뜻이거든. 스스로 손님이 오게끔 할 건데 굳이 비싼 권리금, 많은 월세를 낼 필요가 있나? 그렇게 쓸 돈으로 식당을 찾는 손님에게 음식으로 보상하는 게 더 나은 방법 아닐까?"

식당, 생각을 깨야 이긴다

이 말은 식당을 손님으로만 가봤던 저에게 신선한 깨달음이었습니다. 저부터가 그랬습니다. 내가 정작 가고 싶은 식당은 내가 찾아갔습니다. 어떻하든 알아서 찾아갔습니다. 반면에 제가 별 생각 없이 들어갔던 식당은 집 근처, 회사 근처, 지하철역 근처였습니다. 그저 근처라서 들어간 겁니다. 그리고 거기선 많은 돈을 쓴 기억이 별로 없습니다. 뛰어난 맛을 경험한 기억도 없고, 즐거운 추억을 남겨준 곳도 딱히 없습니다. 그저 가까운 곳에 있어서 갔던 곳일 뿐입니다.

저에게 좋은 기억과 추억을 주는 식당은 제가 물어물어 찾아갔던, 제가 스스로 검색해서 비교하고 찾아갔던 그런 식당이었습니다. 그런 곳은 대부분 외곽에 있었고, 동네라고 해도 숨은 길에 있던 보물 같은 곳이었습니다. 내가 잘 가지 않던 동네 뒷길에 있었고, 거기에 그런 식당이 있을 거라곤 생각도 못했던 곳에서 줄 서는 광경을 목격했었습니다. 월세가 비싼 회사 근처 식당에서도 줄을 서기는 했지만 그건 점심때 그때만 삼깐이었습니다. 맛이 아니라 살기 위해 먹는 한끼 때문에, 빨리 먹고 쉬는 시간을 확보하기 위한 전쟁이었기에 줄을 섰던 거였습니다.

'아! 이렇게 찾아오게끔 할 자리에 차리면 좋은 거구나!'를 이 소장의 말을 통해 깨달을 수 있었습니다. 그러자 자금에 대한 압박도 사라졌습니다. 그런 자리는 권리금도 낮고 월세도 싸다는 것은 군이 묻지 않아도 알만한 마흔다섯이니까요.

04

변두리 창업학 (1)

저는 이 소장의 〈변두리 창업학〉을 따르기로 했습니다. 동네라면 구석 자리를, 가능하다면 도심보다는 가든을 선택하기로 했습니다. 아무리 들어도 지당하기 그지없는 이 소장의 말에 흠뻑 빠져들었기 때문입니다. 반박을 전혀 할 수 없었습니다. 누가 들어도 맞는 말이었으니까요. 누가 자기 전 재산을 들여 월세 노예살이를 자청할까 싶지만, 현실은 흔했습니다. 돈 놓고 돈 먹기 게임에 뛰어듭니다. 사실 제가 가진 돈 1억은 저에게나 컸지, 나가보면 비웃음거리도 못 된다는 건 부동산 서너 군데 방문해 보고 이미 깨달았습니다. 참 보잘것없는 돈이구나. 내 인생 후반전을 준비하는 돈으로는 참 미천하다는 것을 알 수 있었습니다. 하지만 그런 돈으로 너끈히 창업을 해서 성공하는 사람도 수두룩하다는 것을 이 소장 곁에서 직접 볼 수 있었습니다.

저에게 주어진 방향은 두 가지였습니다. 하나는 동네 상권이고, 하나는 가든이었습니다. 그런데 동네 상권이 주 7일 상권이라는 건 아주 큰 착각이라고 합니다. 생각해 보니 저도 주말에는 야외로 가끔 나가거나 집에서 쉬거나 둘 중 하나였습니다. 동네 식당을 주말에 이용한 경험은 생각보다 훨씬 적었습니다.

"동네에서는 밥집보다는 술집이 좋아. 주말에 동네 사람들은 나갈 형편이 안 되거나 주말에도 바쁜 사람들이야. 그들에게는 주말에도 편하게 밥 먹을 여유가 없다구. 그래서 동네에서 7일 장사를 하려면 그나마 술이 강한 식당을 해야 해. 주말에 술 먹기에는 아무래도 동네가 편하거든. 주말에는 가족 손님은 포기해야 해. 그래서 술손님인 남자 어른을 위한 식당을 차려야 한다는 결론이 나오는 거야. 여기서 또 하나의 팁은 동네에서 술 마실 때 번화한 곳(사람 왕래가 많아 월세 비싼 곳)보다는 뒤로 간다는 사실이야. 동네 사람들에게 나 여기서 술 마신다고 소문내길 좋아할 사람은 많지 않거든. 그럴 바에야 슈퍼에서 술 사다가 집에서 먹으면 훨씬 싸고 편한데 뭐하러 코앞 술집을 가겠어? 안 그래? 그래서 동네에 차릴 때는 뒤로 가도 좋고, 구석진 곳도 좋아. 걱정은 붙들어 매. 오히려 지하철역 앞에서 수십 개의 식당이 바글거리면서 손님 쟁취하려고 피 튀기는 싸움을 하는 그게 더 걱정할 일이야. 비싼 권리금 주고, 높은 월세 물어가면서 결국 서로 제 살 깎아 먹기로 할인쿠폰 날리는 거 숱하게 봤잖아. 거기에 뛰어드느니 뒤로 가는 게 낫지. 암 백번 낫지. 그럼 1억으로 차리고도 남을 거야. 앞길에서는 꿈도 못 꾸는 저렴한 월세를 내면서…. 남은 돈으로 인테리어에 투자해 근사하게 꾸미며 동네 사람들에게 쏠쏠한 아지트로 소문나게 하면 될 거야."

"대신 술이 강한 식당은 매출에 한계가 있어. 인정해야 해. 첫째 영업시간의 한계가 있고, 둘째 아무래도 라면 먹듯이 후다닥 먹는 게 아니니까 회전율에도 한계가 있어. 그리고 셋째는 술이 강한 탓에 음식이 맛있어도 음식 기억을 잘하진 않아. 술을 먼저 생각할 때 찾아오는데 그 술이란 것이 어디서나 파는 공산품이라는 것이 문제지. 그래서 동네에 술이 강한 식당을 차리면 밥집보다는 주 7일 상권을 안고 가는 건 확실한데, 상권을 키우는 것은 어렵다는 거야. 술 먹으러 옆 동네에서 원정까지 온다는 기대는 무리일 테니 말이지. 음식은 옆 동네, 옆옆 동네까지 소문으로 찾아오는 사람들이 있지만 술은 어디나 파는 거라서, 특징과 차별화가 딱히 없는 거라서 동네 사람만을 위한 식당이 된다는 단점도 알아야 해. 물론 그걸 극복하는 방법도 있지만 이등병에게 다 알려준다고 장군 되는 거 아니니까, 그건 딱히 말하지 않을게."

술이 강한 식당은 밥보다는 술과 어울리는 메뉴를 파는 식당을 말합니다. 회, 삼겹살, 치킨, 해물찜, 감자탕 등등이겠죠. 마무리로 밥을 먹기는 하지만 시작부터 밥과 회를 같이 먹지는 않습니다. 시작부터 밥에 감자탕 전골을 먹지는 않듯이 말이죠.

돈가스에 술을 먹지 않습니다. 술 잘 먹는 저도 못 먹습니다. 칼국수에 술도 마찬가지입니다. 보쌈이라면 모를까, 칼국수에 술은 먹지 않습니다. 김치찌개에 술은 먹을 수 있지만, 김칫국에 술은 먹지 않습니다. 이게 그리 어렵지 않더군요. 나에게 적용을 해보니 내가 손님으로 살아온 세월이 45년이니까 뭐든 척척 내가 나에게 대답을 하더라구요. 그래서 이 소장의 논리는 온몸으로 받아들이기 참 쉬웠습니다.

05
변두리 창업학 (2)

이 소장이 최근 컨설팅한 식당의 대부분은 가든입니다. 정말 이런 자리에 어떻게 식당을 차렸을까 싶은 곳이 대부분이어서 꽤 놀랐습니다. 그런 자리에 이 소장을 신뢰하고 차린 분들 역시 대단하다는 생각을 하게 됩니다. 제가 가진 돈 1억으로도 가든 창업이 가능한지 이 소장에게 물었더니 너무 쉽게 대답을 합니다.

"가든이건 동네 뒷길이건 마찬가지야. 시설이 잘되어 있으면 돈이 덜 들고, 시설이 없으면 돈이 더 들고지. 철수 아빠가 발품을 어떻게 파는가에 달렸어. 철수 아빠의 운하고도 연관이 있지. 대신 권리금을 주고 시설까지 새로 하는 자충수만 피하면 돼."

그러면서 가든의 핵심요소를 알려줍니다.

1. 가든은 가시성보다는 접근성이다. 아무리 잘 보여도 차로 접근이 불편하면 그림의 떡이다. 차를 탔다고 멀리 돌아가면서까지 오지는 않

는다.

2. 막혀서 죽은 도로가 아니면 차량 왕래의 크기는 큰 의미가 없다. 차량이 적은 도로라서 오히려 사람들이 편하게 올 수 있다. 다만 들어가는 길과 나오는 길이 외길이어서 차량 정체가 극심한 곳은 피하는 것이 좋다.

3. 가든의 생명은 주차장이다. 뚜벅이가 오는 식당이 아닌 만큼 반드시 주차장이 필요하고 최소 10~15대가 기준이다. 15대라고 충분한 건 아니지만, 일단 10대 정도 이상의 크기는 손님들에게 안정감을 줄 수 있다.

4. 2층 이상의 건물은 현재 비어 있어도 나중에 2층 3층 공실이 해결될 경우 주차 전쟁이 일어날 수 있음을 예상하고 가급적 단층 건물을 구해야 한다.

5. 시설비는 크게 걱정하지 마라. 돈에 맞춰 공사를 하면 된다. 20평 인테리어를 5,000만원에도 하지만 50평 인테리어를 2,000만원에도 할 수 있다. 꼭 필요한 분위기만 하려고 머리를 쓰면 시설 투자금은 걱정할 정도의 문제가 되지 않는다.

이 소장이 만든 가든 식당은 적게는 정말로 몇천만원짜리도 있었습니다. 고급시설이 되어 있던 파스타집이 의탁자와 주방 기물까지 모두 놔둔 채 만세를 불러 식당을 인수하는 비용은 권리금 없이 보증금 3,000만원, 월세 150만원이었습니다. 70평 정도의 근사한 규모였는데 말이죠. 80평의 한옥집도 권리금 한 푼 주지 않았습니다. 그 외 수십 곳의 가든 식당들이 시설을 많이 했다고 쳐도 대부분의 가든 식당들은 1억을 약간 웃도는 정도의 돈이 들었다는 것을 직접 보고 알았습니다.

　한 바닷가 식당은 50평짜리였는데, 시설을 해야 할 것도 딱히 없었고 게다가 앞의 사람이 놔둔 주방 기물까지 포함해 보증금 1,000만원에 월 30만원이었습니다. 그냥 길에서 주웠다고밖에 말할 수 없는 그런 식당을 만드는 것도 지켜봤습니다.

　"철수 아빠, 그렇다고 가든에 목숨 설지는 마. 가든도 단점은 있으니까 말이지. 사실은 그런 단점 때문에 저평가되고 비어 있는 곳이 수두룩한 거겠지. 우선 사람 구하기가 아무래도 동네보단 힘들고, 매출도 자리를 잡으려면 시간이 걸려. 아무리 컨셉이 좋아도 그런 자리까지 찾아오는 사람들이 흔하진 않으니까 최소 6개월에서 1년은 버틸 각오를 해야 해. 대신 그 고비를 넘기면 그 열매는 온전히 그 식당의 것이야. 그럼에도 대부분의 식당이 실패하는 이유는 그 고비를 넘기기 전에 실탄이 떨어지거나 자신감을 잃은 탓이지. 그것만 피할 수 있다면 가든은 해 볼 만한데, 그게 걱정이면 동네에서 주 7일 장사인 술이 강한 식당을 해야 해!"

　아내와 여러 날을 상의하고 고민했습니다. 1억으로 동네 C급지에서 강한 식당을 차릴 것인가, 아니면 가든으로 나가 1년을 각오하고 덤빌 것인가를 여러 날 고민했지만 솔직히 쉽지 않았습니다. 하지만 결정은 저의 몫이었고, 결국 힘들어도 가든으로 가기로 어렵게 결정을 내렸습니다. 어차피 식당 창업 자체가 45년을 무관하게 살아온 저에게는 힘든 일이었으니까, 동네에 차려도 힘든 건 마찬가지일 거라고 생각했습니다.

무엇보다 블루오션의 가치가 매력적이었습니다. 경쟁자가 많으면 내가 잘해도 따라 하지만 경쟁자가 없으면 나만 잘하면 된다. 이렇게 생각하니까 다소 안전한 동네의 7일 상권보다는 경쟁자가 많지 않은 가든이 더 도전할 만한 가치가 있다는 결론에 다다랐습니다.

'시작은 무엇을 해도 힘들고, 어디서 해도 힘들다. 첫 경험이라서다. 내 자본이 적어서다. 어차피 부딪히고 싸워야 한다. 그리고 싸워 이겼을 때 그 열매의 크기는 다르다.'

저에게 되뇌인 이 말을 아직도 기억합니다. 그리고 지금은 그때의 판단을 스스로에게 축하합니다. 월 5,000만원 매출이 엄청 크다고 볼 수는 없지만, 주차장이 딸린 50평 가든에서 월세 노예살이를 하지 않는 건 물론이거니와 저녁이 있는 삶을 살면서 1억을 투자해 월수입 1,000만원 정도라면 충분히 행복해도 좋은 결과라고 생각하기 때문입니다.

06

창업,
진짜 할 수 있을까?

두려움이 몰려옵니다. 뒤를 돌아보니 지금 내가 제대로 하고 있는 건지 아찔합니다. 저는 음식을 전혀 할 줄 모릅니다. 저는 식당 안에서 하루 온종일을 버텨 본 적도 없습니다. 저는 물건을 사고팔고 해본 적도 없고, 상가 임대차계약서라는 것을 써본 적도 없습니다. 그래서 뭘 해야 하고, 뭘 정확히 체크해야 하는지 알지 못합니다. 그저 쳇바퀴처럼 직장만 다니면서 살아왔습니다. 받은 월급으로 집 한 칸 마련해 보려고 살다 보니 너무나 할 줄 아는 게 없다는 사실이 두려웠습니다.

전 재산인 1억(집은 빼고, 물론 그 집도 작은 집 한 칸이지만)으로 도대체 뭘할 수 있는지 비참해지기도 합니다. 20년 가까이 직장을 다니면서 모은 돈인데 왜 그 돈으로 뭔가를 시도하는 것 자체가 부끄러운지 마음이 아팠습니다. 그래서 일단 내가 진짜 무엇을 할 수 있는지부터 찾아보려고 합니다. 그보다 우선 이 소장부터 만나야 할 거 같습니다.

"철수 아빠는 무엇부터 해야 할 거 같아? 지금 철수 아빠가 가장 모르는 게 뭐고, 알아야 할 게 뭐라고 생각하는 거지?"

정말 이런 소리를 들을 때면 기가 찹니다. 나도 마흔다섯이나 먹었는데 초등학생에게 말하듯이 쏘아대는 소리에 어이가 없습니다.

"그럼 다시 물을게. 식당 말고 할 게 없어? 아니면 돈을 버는데 식당이 가장 좋을 거 같은 거야? 대부분은 '할 거 없으면 식당이나 하지'라고 말하는데, 철수 아빠도 그래서 하려는 거야?"

나는 왜 식당을 하려고 하는가? 거기에 대한 10가지 이유를 만들어보라는 말에 새삼 정신을 바짝 차려야 했습니다. 솔직히 직장을 그만두고 재취업보다는 장사가, 그중에서도 식당이 만만해서 결정한 속내를 들킨 거 같아서 작정하고 10가지 이유를 따져봤습니다.

1. 정말 재취업이 힘들다.
2. 어차피 다른 회사를 다녀도 또다시 그만둘 나이가 닥친다.
3. 정해진 월급만으로 사는 게 벅차다.
4. 시키는 일만 하는 재미가 지겹다.
5. 이제 내 것을 해야 할 때가 온 거 같다.

10가지는 만들어 낼 수 없었습니다. 5개까지는 쉬운데 그 이상은 무리였습니다. 내가 인생 후반전을 계획하고 도전하는 일인데, 거우 5가지의 이유뿐이라는 것이 불쌍하기까지 했습니다.

10가지의 이유도 대지 못하는 저를 보고 이 소장은 헛헛한 웃음을 날립니다. 이렇게밖에 답을 못할 줄은 미처 몰랐다는 듯이 다시 묻습니다.

"그럼, 식당을 하면 좋을 거 같은 이유를 한 번 더 대보라고 해도 될까?"

참 난감했습니다. 식당을 하면 좋을 거 같은 이유는 정말로 생각해 본 적이 없었습니다. 그냥 막연하게, 잘되는 식당을 보고 '이런 거라면 나도 어쩐지 잘할 거 같은데…'라는 생각 외에는 없었기 때문입니다. 그래서 생각나는 대로 닥치는 대로 내뱉었습니다.

1. 집밥만 먹고 사는 사람은 없다.
2. 괜찮은 식당이 정말 드물다.
3. 도시락을 싸지 않는 이상 점심은 사 먹어야 한다.
4. 가족들 외식, 직장인 회식으로 저녁도 팔 수 있다.
5. 음식 하나 맛있으면 찾아서 간다.
6. 내가 음식 만들지 않아도 주방 이모 쓰면 된다.
7. 정 하다가 힘들면 아내가 도울 수 있다. 밥은 매일 했으니까.
8. 식당은 주방과 테이블만 있으면 시작할 수 있다.

그 외에도 더 많은 이유를 줄줄이 대는데 이 소장이 말을 막습니다.

"됐어. 그만. 알았어. 철수 아빠도 역시 그 정도인 거야. 남들이 다 생각하는 그만큼인 거야. 그래서 식당은 열에 여덟이 망하는 거야. 원래 망하는 게 정상이야. 그 정도의 생각만 가지고 있는데 어떻게 좋은 결과를 얻겠어?"

07

손님의 입장에서 바라보면 쉽다

이 소장은 평상시에 말이 많지 않습니다. 그런데 상대방의 말에서 답을 잘 뽑아냅니다. 자신의 생각이 아니라, 상대방이 말한 것에서 답을 뽑아내니 딱히 반론이 힘듭니다. 게다가 뻔한 소리를 너무 잘합니다. 전문가처럼 고급지고 근사한 말보다는 어린아이도 할 수 있는 소리만 합니다. 너무 쉬운 내용이라 고수라고 하는데 오히려 고수처럼 보이지 않습니다. 나도 알고 남도 아는 소리만 할 뿐이어서입니다. 그럼에도 이 소장이 만든 식당들은 제법 잘 나갑니다. 메뉴도 평범한데 매출이 좋습니다. 자리도 별로인 듯 보이는데 그 식당의 주인은 환하게 웃습니다. 참 신기합니다.

"손님으로 식당에 갔을 때 언제 기분이 나빴는지 한 번 생각해 봐. 아이와 같이 간 식당에서 굳이 1인 1식을 강요할 때 어땠어? 추가 반찬을 새 그릇이 아닌 것에 담아줄 때 어땠어? 2차로 간 식당에서 굳이 인원수대로 大자를 권할 때 어땠어? 인사도 하지 않는 식당을 볼 때 어땠어? 정말 이게 그 값이 맞는가 의심스러울 때 어땠어? 고기 추가할 때 딸랑 고기만 주고, 처음에 줬던 반찬 추가해 달라고 할 때 돈 내라고 하면 어땠어?"

그렇게 따져보니 온갖 문젯거리가 식당에 있음을 알게 되었습니다. 한결같이 못돼 보이고, 못나 보이고, 손님과 싸움하는 식당이 즐비하다는 사실을 새삼 알게 되었습니다.

"뭘 하는가는 중요하지 않아. 어차피 할 줄 아는 음식도 없으니까 말이지. 뭘 하든 새로 배워야 하는 건 똑같고, 중요한 것은 그것을 어떻게 팔아야 할 것인가의 문제지. 어디에 차릴 건가도 사실은 크게 중요하지 않아. 결국은 돈에 맞춰야 하는 게 현실이야. 계약서 쓰는 거 모르면 어때? 그러라고 부동산이 있는 거고, 그러라고 나 같은 컨설턴트가 있으니까 의지하면 되는 일이야. 가게를 해봐야 한두 개 할 건데 부동산을 배우긴 뭘 배워? 닥친 그것만 하면 되는데 말이지. 정말 중요한 것은 장사의 개념을 손님의 눈으로 깨우치는 거야. 장기 훈수를 잘 둔다고 그 사람이 번번이 장기를 이길까? 훈수와 실제는 다른 법이야. 그래서 장사도 머리로 익히면 실패해. 몸으로 익혀야 해. 손님의 눈으로 바라보고 고쳐나가야 하는데, 대부분은 식당 중심으로 보니까 풀리지 않는 거야. 그래서 식당을 차릴 때는 무엇을 할 것인가가 중요한 게 아니라 '어떻게 풀 것인가'가 중요한 거야. 아무리 좋아도 푸는 방법이 틀리면 결과가 좋을 리 없으니 말이지."

라면을 먹을 때 딱 밥 반 공기만 더 먹고 싶은 사람에게 공깃밥 반 공기는 팔지 않습니다. 그래서 저는 사 먹지 않았습니다. 남길 공깃밥이 아까워서요.

냉면을 먹으면서 만두 한두 알 먹고 싶은데, 무조건 한 접시만 파니까 팔리지 않습니다. 저는 사 먹지 않았으니까요. 어차피 한 접시는 혼자서는 무리였으니까요.

고기를 추가하고 처음에 준 된장찌개 하나 더 달라는데 돈 타령을 하니까 그 집은 다시 가고 싶지 않았습니다.

4명의 일행 중 둘은 배가 불러 아구찜 中자를 원했는데 하도 눈치를 줘서 어쩔 수 없이 大자를 먹고는 다시는 가지 않았습니다.

이렇게 내가 내는 소비를 식당이 방해할 때 저는 손님으로서 가지 않았습니다. 아무리 맛이 있어도 그게 불편하면 다음에는 가지 않았습니다. 생각해 보니 제가 그랬습니다. 냉정했습니다. 손님으로서 식당을 너무 잘 평가하고 있었습니다. 내 스스로 식당에 대한 평론을 직장 동료들과 서슴지 않았던 기억마저 선명하게 떠올랐습니다. 나는 알고 보니 식당 전문가였습니다. 음식은 할 줄 모르지만, 식당 경영을 어떻게 하면 좋은지를 아는 전문가였습니다.

이 소장이 담담하게 말을 합니다. 왜 그렇게 복잡하고 어렵게 생각하냐는 표정을 지으면서 마지막 퍼즐을 풀 듯 말을 합니다.

"어렵게 생각하지 마. 손님의 입장에서 어떤 식당을 할 것인가를 생각해 봐. 그럼 어렵지 않아. 철수 아빠가 손님으로 느낀 불편함을 없애는 식당을 만들어 보겠다고 생각해. 그게 가장 큰 무기가 될 거야. 왜냐면 아무도 그런 생각은 하지 않거든. 그저 막연하게 유행되는 아이템을 차리려 하고, 그저 멍청하게 한 번 온 손님에게 벗겨 먹을 생각만으로 차리는 사람들이 태반이야. 그래서 식당 창업은 열에 여덟에게는 지옥 같은 레드오션이고, 열에 둘 정도에게는 천국 같은 블루오션의 세계야. 생각을 바꾸면 어렵지 않아. 이미 손님으로서 냉철하게 느꼈던 생각을 실천하면 되는 거야. 나머진 기능이야. 경험하다 보면 되는 일들이라구. 그런데 생각을 바꾸는 것이 너무 힘들어. 그래서 그것부터 해야 해. 그걸 습관되게 만들어야 해. 식당 주인이 손님처럼 생각하고 행동하고 고쳐가는 것, 그것이 바로 진짜 핵심이야. 상권이 어쩌고, 아이템이 어쩌고는 다 허망한 소리고 불행의 씨앗일 뿐이야. 무조건 생각을 바꾸는 것이 살아남는 길이야."

그러자 신기하게 기운이 생겨납니다. 해 볼 만한 자신감이 생겼습니다. 걱정거리가 잔뜩이던 창업의 두려움은 온데간데없이 사라지고 자신감이 생겨났습니다. 그래, 또 오게 해보자. 뭘 팔던 간에 한 번 온 손님이 또 오게끔 하자. 어디서 하던 간에 한 번 온 손님을 기억해서 또 오게끔 해보자. 내가 이제 와서 음식을 배운다고 수십 년 경력 쉐프를 따라갈 수는 없지만 나도 손님으로 살아온 경험이 수십 년이니까, 그건 내가 해낼 수 있는 가장 가능성 높은 일이니까 얼마든지 해낼 수 있다는 자신감이 갑자기 폭풍처럼 들었습니다.

08
요령과 꼼수는 다르다

요령껏 하는 일은 시간을 줄이고 실패를 줄이는 일입니다. 일찍 마칠 수 있는 일을 늘려서 하루 종일 하는 것은 직장에서나 쓰는 꼼수입니다. 이제 모든 것이 내가 움직인 만큼 결과가 주어지는 자영업의 첫발부터 이런 꼼수를 쓰면 바로 망합니다. 반면 요령은 부릴수록 나에게 득이 된다는 생각을 하게 되었습니다. 그러자면 요령을 알려주는 사람이 있음이 가장 중요합니다. 책으로 본 수많은 스승들은 직접 알려주지 않습니다. 책을 또 펴서 어디에 무슨 말이 있었는지 꼼꼼히 찾아야 합니다. 물론 그것도 나를 위한 공부니까 그렇게라도 해야 할 겁니다. 50권 가까이 읽은 책을 꺼내 다시 한번 정리해 보고 이 소장과 의논해 봤습니다. 이 소장이 소개한 가든 식당을 고르는 요령은 다음과 같습니다.

1. 가든은 반드시 주차장이 있어야 합니다. 국도를 다녀보면 빈 건물들

식당, 생각을 깨야 이긴다

이 오래도록 임자를 못 찾고 방치된 경우를 봅니다. 그 이유를 자세히 들여다보지 않아도 딱 느낄 수 있는 것이 주차장 부족입니다. 그래서 땅 주인은 애써 건물을 짓고는 세를 주지 못하고 임자도 없이 늙어가는 건물을 보면서 후회를 한다고 합니다. 최소 10대 이상의 주차장이 필요하다고 합니다. 하다못해 근처에라도 주차를 할 수 있는 여지가 있는 건물이어야 한다고 합니다.

2. 막힌 길은 무조건 안 됩니다. 새로운 도로가 나서 차량이 덜 지나가는 것은 상관없습니다. 그러나 막혀서 외길인 곳은 그 어떤 수작을 부려도 손님들이 찾지 않는다고 합니다. 오직 식당만을 보고 오게끔 하는 것은 지나친 도박이라고 했습니다. 이 소장이 딱 한 번 그런 곳을 만들어 봤는데 그걸 견뎌낸 점주가 있었기에 다행이었지 큰일날 뻔했다고 하더군요.

3. 가장 이상적인 가든 자리는 동네를 배후에 둔 나들이 가는 길이라고 했습니다. 걸어서는 못 오지만, 차를 타고 가깝게 동네 사람도 올 수 있는 자리. 나들이 가는 다른 동네 사람도 지나는 자리가 가장 이상적이라고 했습니다.

4. 가든의 규모는 최소 40평이라고 단정합니다. 이유는 굉장히 단순합니다. 테이블 15개를 조금 여유 있게 놓을 수 있는 크기가 40평이라고 했습니다. 구조에 따라 그 이상도 가능한 크기가 40평이라서 최소의 평수라고 콕 짚어서 말해 주었습니다.

경험은 정말 엄청난 이야기들을 쏟아냅니다. 가든이라도 2층이 있는 것과 없는 것의 차이. 주변에 랜드마크가 있는 것과 없을 때의 업종 선택, 가든이 밀집한 곳을 피해야 하는 까닭, 가든에서 필요한 인테리어 포인트 등 들으면 들을수록 귀에 확 담기는 이야기들이 넘쳐납니다.

하여간 가든 자리를 찾는데 한 달 하고도 반이 걸렸습니다. 하지만 앞으로 살면서 먹고살 방도로 찾는 식당 자리를 그 정도의 시간에 찾았다는 건 어쩌면 빠른 요령 탓이었는지도 모르겠습니다. 갖가지 에피소드가 있었습니다. 부동산을 통한 서늘한 경험도 있었고, 가게를 빼는 사장님의 속사정을 우연히 듣고 같이 울던 때도 있었습니다. 조금만 방심하면 사기당할 거 같고, 조금만 신경 쓰면 하지 않아도 될 왜 저런 바보 같은 짓을 했는가가 느껴졌습니다. 그러면서 느낀 결론은 내가 확실히 알지 못하면 나도 죽는다. 내가 남과 다르게 하지 않으면 반드시 망한다. 내가 적당한 준비로 뛰어들면 우리 가족은 모두 길거리에 나앉는다는 긴장감을 얻었습니다. 직장을 나서면 우산은 내 스스로가 되어야 한다는 것을 무겁게 깨닫는 시간이었습니다.

결국 저는 지금의 자리에 계약을 했습니다. 권리금은 1,000만원을 주었고, 보증금 2,000만원에 월 180만원을 주기로 했습니다. 단층 50평에 주차는 10대이지만 주변 근처에 차를 대면 17대 정도 가능한 자리입니다. 이제 남은 7,000만원으로 식당을 꾸며야 합니다. 50평을 7,000만원으로 창업해야 하는 일이 남았습니다.

식당, 생각을 깨야 이긴다

09

지출에는 순서가 있다

50평을 7,000만원으로 세팅하는 일은 사실 불가능에 가깝습니다. 단순하게 생각해서 인테리어는 하지 않더라도 식당에는 반드시 주방이 있어야 합니다. 주방설비를 가정집처럼 가스레인지 하나 두고 할 수 있는 게 아니라서 주방설비는 식당 창업에서 허투루 할 수 없는 부분입니다. 식당 초보자인 저도 그런 생각은 우선적으로 들었습니다. 그다음으로 필요한 큰 덩어리 투자가 바로 냉난방입니다. 특히 더위가 점점 길어지는 날씨 탓에 냉방은 아주 중요한 시설입니다. 식당에 들어왔는데 더우면 손님이 있을 리 없습니다. 저부터도 더운 식당은 가지 않습니다. 마치 전기요금을 아낀다는 느낌이 들게 되고, 그러다 보니 음식에 대한 믿음도 가지 않았기 때문입니다. 그래서 저는 역산으로 계산을 해보았습니다. 주방설비와 냉난방 비용을 가장 먼저 제하고, 그릇과 의탁자 비용을 따졌습니다. 그렇게 남은 비용이 3,000만원이었습니다. 이걸로 50평 인테리어를 해야 합니다.

"인테리어는 아이디어 싸움이야. 그리고 더 중요한 것은 공사의 우선 순위를 정하는 거지. 지금 철수 아빠가 주방설비부터 냉난방 비용을 우선적으로 빼둔 것처럼 인테리어도 다 잘하려고 하지 말고 잘할 수 있는 것과 꼭 해야 하는 것만 하는 것이 현명해. 물론 넉넉한 돈으로 골고루 예쁘게 하는 게 가장 좋겠지만, 세상일이 그처럼 될 수는 없는 일이니까 항시 지출은 순서를 정해야 해. 거기서 어긋나면 식당 오픈도 전에 진흙탕에 빠질 수 있어."

이 소장이 알려준 팁 일부를 소개합니다.

1. 의탁자 비용을 아끼려고 좌식으로 바닥을 까는 사람은 큰 실수를 하는 거다. 좌식을 깔면 의자 비용은 아끼지만 바닥에 보일러(전기판넬이라도) 시공비가 들고, 무엇보다 일하는 사람이 힘들다. 하루 종일 허리 굽히는 서빙은 해본 사람만 아는 고통이다. 다시 말해 바닥을 입식 형태로 꾸미면 의자 값은 들지만, 바닥 난방 값은 들지 않는다. 바닥도 타일과 미장에서 선택하면 되고 기존 바닥을 일부러 뜯으면서까지 할 필요는 없다.

2. 천정은 돈이 적을 땐 가급적 건들지 않는다. 레일을 깔아서 이동식 조명을 달거나, 테이블 위에 하나씩 떨구는 펜던트를 이용해 포인트를 주는 정도로 시공한다. 이케아에서 저렴한 펜던트를 사서 전기 전문가에게 시공을 부탁하면 그 비용도 절감할 수 있다.

3. 벽은 도장이나 도배에서 취향대로 선택을 하되, 반드시 홀에 고정식 파티션을 세우는 것이 포인트다. 파티션은 이동식으로 사용하는 것으로 오해하는데, 파티션을 고정하면 가벽이 생기고 사람들은 벽을 기준으로 자리에 앉는다. 창가부터 앉고 그다음에 벽 쪽 그리고 마

식당, 생각을 깨야 이긴다

지막으로 의지할 것이 없는 가운데가 가장 늦게 앉는 것이 바로 그런 이유다. 그래서 고정식 파티션을 만들면 공간도 살리고 분위기도 달라지는 포인트가 된다.

4. 식당의 첫인상은 파사드다. 내부는 이미 문을 열고 들어온 사람들의 몫이고, 외부는 밖에서 들어올 것인가를 고민하는 사람들에게 보여지는 면이다. 따라서 간판을 포함한 외부면(파사드)에 대한 투자는 반드시 해야 한다. 첫인상이 좋으면 마냥 좋듯이, 식당도 파사드가 예뻐야 신뢰하고 문을 열게 된다.

5. 에어컨은 가급적 스탠드로 해야 한다. 에어컨은 60평 한 대보다는 30평 두 대로 쪼개어 양쪽에서 사용하는 것이 더 효율적이다. 냉방의 용량은 테이블에 불이 없으면 2배, 있을 땐 3배 이상을 설치해야 한다. 그에 반해 난방은 사람들의 온기가 있어서 홀 평수의 절반이어도 견딜 만하다.

10

무엇을
팔 것인가?

가게를 구할 때 중개인이 늘 묻는 말이 "뭐 하실 거예요?"였습니다. 그래서 이 소장이 가르쳐준 대로 "칼국수"라고 답은 했습니다. 그리고 실제로 뭘 할지는 가게를 결정하고 나서 해야 한다고 했는데, 저는 그게 납득이 가지 않았습니다. 칼국수 팔기에 어울리는 자리, 돈가스에 어울리는 자리, 백반이 어울리는 자리가 따로 있다고는 생각지 않지만 그래도 창업을 하는 사람이 내가 앞으로 뭘 할 것인가에 대한 계획과 각오는 있어야 하지 않을까 싶었는데 이 소장은 그걸 무시하라고 해서 처음엔 충돌이 있었습니다. 물론 그래 본들 제가 이길 리 없는 기 싸움이라는 것은 알았지만, 어쨌든 그 말을 이해하는 데도 시간이 오래 걸렸습니다. 창업 책을 보면 상권에 따라 유망한 업종이 있다고 하고 입지와 맞지 않는 업종 선택은 실패를 담보한다고 이야기하는데, 이 소장은 그러지 말라고 하니 속이 답답했습니다.

"철수 아빠가 45살쯤에 고깃집 하려고 태어난 거 아니지?"

"철수 아빠는 그럼 경험이 없으니 손쉬운 음식 하나로 하면 되나? 대신 투자는 많아야 하는 걸로?"

"철수 아빠가 좋아하는 음식이면 무조건 해야 하나? 일손이 얼마나 바쁘건 말건 상관없이 하고 싶은 걸 하라고 하면 될까?"

가게를 구하는데 업종이 결정되면 자꾸 레드오션에 뛰어들게 된답니다. 죽집을 하고 싶은데 사람도 없는 뒷길에 차릴 수는 없을 테니 앞길 권리금 많고 월세 비싼 곳을 찾아가는 건 인지상정이라고 했습니다. 뭐하려면 '어디 근처가 좋더라' '어디가 잘하더라' '그런 곳을 찾아라'는 주변의 애정도 걸림돌이 된다고 했습니다. 그러면서 이 소장이 강한 어조로 말을 합니다.

"식당을 차린다고 모두가 출발선이 같은 게 아니라구. 같은 1억이라도 어떤 사람에게는 전 재산일 수 있고, 어떤 사람에게는 잉여재산일 수 있지. 그럼 다른 거야. 같은 초보라도 벌어 놓은 돈이 있어서 소일거리 부업으로 생각할 수 있고, 지금까지 모은 돈을 박박 긁어서 차린다면 죽기를 각오하는 일이니까 분명히 그 입장이 다른 법이지. 가게 위치에 따라(그것이 가든이라도) 단품이 어울리는 위치가 있고, 접시로 팔아야 유리한 입지가 있어. 가게 크기나 분위기에 따라서도 그 차이가 있는 법이야. 시설이 별로인 곳에서 한 접시 10만원짜리 팔려면 그게 될까? 그럴 때는 1만원짜리 단품으로 파는 게 현명하다구.

얻을 가게가 어떤 모습인지도 모르고, 얻은 가게에 시설 투자를 얼마만큼 할지도 모르는데 업종을 미리 정한다고? 주방의 크기에 따라서도 업종은 달라지고, 주차 대수에 따라서도 단품일지 접시일지 달라야 하는데 그걸 정하고 시작한다고? 주력 메뉴로 승부해야 빠른 곳이 있고, 경쟁자들 덕분에 찬으로 승부해야 하는 곳도 있는데 업종을 미리 정한다고?"

다른 때에 비해 이 소장은 이 부분에서 매우 날카로운 반응을 보였습니다. 이 소장이 열변을 토하며 말한 내용을 정리하면 다음과 같습니다.

1. 가게의 크기에 따라 단품류와 小中大 메뉴로 갈린다. 가게가 크면 小中大가 낫다. 큰 식당에서 겨우 칼국수 한 그릇 먹는 것보다는 큰 식당이니까 접시가 큰 해물찜이나 아구찜이 자연스럽다. 대형 식당이 냉면 한 가지를 파는 집도 있지만, 대체로 대형일수록 단가가 높은 음식을 판다. 단가가 높으려면 1인 단품이 아니라 여럿이 먹는 小中大 메뉴의 가격이 비싼 것은 당연하다.

2. 초보는 아무래도 단품이 적당하다. 감당하기에도 부담이 적고, 손님이 식사시간 외에도 쉽게 들어와 손님 기다리느라 장사에 지치는 것을 방지할 수 있다. 접시나 탕으로 나오는 음식은 여럿이 함께 와야 하기 때문에 같은 시간에 허기를 느껴야 하고, 그래서 식사시간대에만 몰리는 아픔이 있을 수 있다.

3. 반대로 경험이 많은 사람은 일손이 적게 들어가는 小中大 메뉴가 훨씬 유리하다. 사실 식당은 매출에 비해 일손을 줄이는 게 관건이다. 단품은 인원수대로 음식을 만들어야 하고 그러자면 일손도 많아야 한다. 하지만 小中大 메뉴는 한 테이블에 하나를 만들기 때문에 상대적으로 일손이 적을 수 있다. 물론 그것도 매출이 엄청나다면 역시 많이 들 테지만 말이다. 게다가 이것도 주차장에 따라 또 달라진다.

4. 주차 대수가 많으면 단품도 좋지만, 주차 대수가 제한적이면 어쩔 수 없이 小中大가 그나마 현명하다. 팀으로 오는 손님들은 아무래도 차

식당, 생각을 깨야 이긴다

한 대로 몰아서 올 확률이 크다. 기사식당을 생각하면 된다. 혼자서 먹는 기사님들은 1인당 차 한 대여야 한다.

5. 주방이 크면 제약이 없지만, 주방이 작을 땐 조리 회전을 감안해서 小中大가 낫다. 단품은 화구를 인원수대로 써야 하지만, 小中大는 테이블에 하나의 화구면 된다.

6. 시설이 좋으면 역시 제약이 없지만, 시설이 약할 땐 단품으로 접근해야 손님이 온다. 小中大는 아무래도 가격이 있기 때문에 그에 걸맞은 시설을 은연중에 요구하기 때문이다.

7. 유행은 무시한다. 유행은 시장 자체의 레드오션을 지향하고, 나는 그것과 하등 상관없음에도 함께 묻혀서 식상한 식당이 되어 버린다. 붐이 인다는 것은 경쟁자의 과다로 보편화가 빠르다는 뜻이다. 보편화가 빠르면 새로움이 아니라 어디서 보던 식의 피로감이 더 빨라진다는 뜻이다.

8. 운전자금이 많으면 小中大를, 운전자금이 빠듯하면 단품류가 그나마 낫다. 이것 역시 가격에 의한 탓으로 비싼 음식을 기꺼이 구매하는 사람보다는 저렴한 가격이 문턱을 넘는 데 도움이 되기 때문이다. 3~4인의 5만원과 1인당 1만원이 비슷하다고 볼 수 있지만, 인원수를 제하고 보면 의외로 문턱이 다름을 경험하게 된다. 그래서 거기서도 실패의 이유를 만나는 경우를 초보는 알지 못한다.

9. 인건비와도 연결될 수 있다. 단품은 아무래도 일손이 많아야 하고, 小中大는 상대적으로 덜하다. 그래서 초보는 울며 겨자 먹기로 인건비 부담이 상대적으로 높다.

10. 당연히 점주의 요리 노하우에 따라서도 차이가 있다. 노하우가 많을수록 小中大가 좋다. 小中大의 음식을 보완하는 곁들임이나 찬에

서 기교를 부릴 수 있기 때문이다. 그에 반해 경험이 적으면 이것저것이 아니라 철저하게 단품의 상품화에 도전해야 좋은 결과를 얻을 수 있다.

이렇게 복잡한 구조가 얽히다 보니 이 소장은 업종을 미리 선택하는 것이 얼마나 위험한 일인가를 알기에 화가 난다고 했습니다. 상권에 맞지 않는 업종은 분명히 있지만, 맞는 업종이라는 것은 딱히 있지 않다고 합니다. 가게 규모나 위치, 시설 형편, 점주의 경험, 운전자금 등등에 따라 업종을 결정해서 다듬어야 한다는 말을 저에게도 반복했습니다. 그러다 마지막 결정타를 날립니다.

"그런데 딱 보면 저 자리엔 뭐 하면 좋다는 게 느껴질 때가 있어. 그걸 우리는 직관이라고 해. 나도 모르게 모든 여건을 조합해 머리에서 컴퓨터가 셈을 하듯 여기엔 어떤게 왜 어울리겠다는 결정이 들어. 하지만 그 오류에 빠지지 않으려고 노력은 하지. 대체로 쓱 보고 마음에 든 옷이 결국 사야 할 옷이 되듯, 척 보고 떠오른 직관의 업종이 최종 결정되기는 해도 그게 콩깍지가 되면 안 되니까 노력은 많이 하는 편이야. 물론 이건 나에게 해당되는 일이니까 이 점은 무시해도 되는 거고. 일반인들에겐 직관이 없어. 경험이 없는데 무슨 직관? 그냥 자기가 하고픈 걸 대입해 그게 옳다고 믿을 뿐이지. 그래서 시작부터 망하는 패를 쥐고 뛰는 거고. 그걸 우리는 콩깍지라고 표현하는데, 대부분 자신이 콩깍지에 씌었다는 것을 모르니까 망하는 거지."

11

어떻게
팔 것인가?

이 소장은 '무엇을 팔 것인가'는 하나도 중요하지 않다고 말합니다. 또 유행 아이템이나 유망 아이템을 예측한다는 것은 불가능에 가깝다고도 합니다. 하긴 이 소장이 만드는 식당은 사실 지극히 평범합니다. 부대찌개집, 동태탕집, 칼국숫집, 고깃집 등 모두가 이미 다 아는 음식들입니다. 다른 게 있다면 고깃집도 고기는 한 가지만 팝니다. 삼겹살은 건너편에서 사 먹으라고 하는 돼지갈빗집을 만들고, 짜장은 배달시켜 먹으라는 짬뽕집을 만듭니다. 그런 점이 참 신기하고, 그리고 그런 식당들이 금세 자리를 잡는 것을 보면 정말 장사는 맥을 알고 나면 참 쉬울 거 같은 그런 자신감도 듭니다.

지금이야 너무 많아지기는 했지만 10알에 1만원인 캐주얼초밥집도 이 소장이 건져낸 아이템이었습니다. 쌍문동의 작은 초밥집을 보고 만든 십수 개의 초밥집들이 소문이 나면서 불이 붙었고, 동네 작은 파스타집을 컨설팅하면서 카드로 썼던 2인분에 피자 서비스는 그 후 유명

프랜차이즈들도 따라 할 정도였습니다.

똑같은 식당에서 똑같은 음식을 먹고도 저는 아무것도 건질 게 없는데, 같은 공간에서 같은 시간을 보낸 이 소장은 거기서 많은 것을 쭉쭉 건져 올립니다. 보란 듯이 슬쩍 다듬어서 같지만 새로운 뭔가를 만들어냅니다. 그래서 그런 발상이 되는 까닭을 물은 적이 있습니다.

"답은 간단해. 내가 손님일 때 느낀 불편함을 뒤집으면 되는 거야. 쿠폰 있지? 10장 모으면 한 번 서비스로 주는 그 흔한 쿠폰. 그런데 뒤에 보면 빨간 날과 주말은 서비스되지 않는다는 표현. 그거 어때?"

"맞아요. 아빠가 있는 날이 바로 그런 날인데, 열심히 모아서 아빠가 있는 날에 쿠폰 쓰려고 하면 이건 뭐 아빠가 공짜 바라고 싸우는 사람이 되더라구요. 화도 나고 말이죠."

"바로 그거야. 손님이 원하는 것을 파는 거야. 새로운 것이 아니라 손님이 원하는 것을 팔면 손님은 좋아할 테고, 손님이 만족하면 다시 재구매를 할 거니까. 시작은 손님의 입장, 손님의 눈높이면 되는 거야. 그런데 우리는 세상 없던 것에서 답을 찾으려고 해. 그러니까 풀리지 않고 그러니까 투자만 많이 하게 되고, 그럼에도 결국은 실패하게 되는 거라고."

짬뽕을 먹고 싶어서 갔는데 메뉴판에 짜장면이 있으면 곤혹스럽습니다. 물냉면이 먹고 싶어서 갔는데 비빔냉면이 메뉴판에 있으면 갈등을 느낍니다. 그때 메뉴판에 짜장면이 없고 비빔냉면이 없다면 손님은 고민할 까닭이 없을 겁니다. 하지만 그런 식당은 없습니다. 남들이 다 짜장과 짬뽕을 같이 팔고, 물냉면과 비빔냉면 만드는 일이 대단히 어려운 것이 아니니까 그 정도는 같이 팔아도 된다고 생각한답니다. 그리고 그런 논리로 메뉴를 하나씩 채워간다고 합니다. 짬뽕집에서 짜장면을 팔고, 울면도 기호에 따라 먹으라고 팔고, 면만 있으면 안 되니까 볶음밥도 팔게 된답니다. 논리가 논리를 물고 늘어지면 별로 이상스럽지 않기 때문이랍니다.

그래서 면 전문점을 차릴 때 혹시 밥을 찾는 손님도 배려하는 마음으로 비빔밥을 만들고, 비빔밥 있는데 돌솥비빔밥 그거 뭐 어려워 하는 마음으로 메뉴를 늘리는 거랍니다.

"부대찌개 4인분 주문하고 싶어? 냉정하게 솔직히 말해 봐. 정말 4명이 4인분 시키게 되더냐구?"

솔직히 저도 그런 적은 별로 없습니다. 3인분에 공깃밥 추가를 했던

적이 더 많습니다. 정말 손님이 많은 집에서나 눈치가 보여서 억지로 4인분을 시킨 적 빼고는 말이죠.

"식당이 먼저 부대찌개 4인분은 팔지 않습니다. 양이 넉넉하니까 4명도 3인분만 시키세요. 1인분 아낀 값으로 나가서서 아이스크림 사드세요. 이렇게 식당이 먼저 권하면 어떨 거 같아? 기분 좋지 않을까? 먹기도 전에 말이지."

맞습니다. 정말로 그런 식당을 만난다면 먹기도 전에 웃음이 나서 즐거운 마음으로 부대찌개를 먹을 거 같습니다. 그런 식당이 많았으면 좋겠습니다. 내 식당도 꼭 그렇게 손님이 원하는 대로 팔면 장사는 어렵지 않을 거 같다는 생각이 샘 솟았습니다.

"식당은 경쟁자가 어떻게 파는지를 몰라. 식당을 차리기 전에는 시장조사다 뭐다 해서 나름 조금 알지만, 식당을 여는 순간 시간도 없고 마음은 쫓기고 내 집에도 밥이 남아도는데 왜 내 돈 주고 남의 식당에 가서 먹냐 싶어서 정보는 차단된다고 봐야 해. 방송에서 아무리 좋은 팁을 줘도 남의 일로 보는 사람이 허다해. 그게 참 묘한 일인데, 그래서 눈치 빠른 사람들이 손님의 태도에서 자기 식당의 문제를 짚어내더라구. 손님의 반응을 보고서 변신을 하는 거지. 먹지 않는 찬은 바꾸고 나가지 않는 메뉴는 삭제를 하는데, 그렇지 않은 식당이 더 많은 것이 현실이야. 1년 내내 그 반찬을 고수하고, 나가지도 않아 냉동고에서 시름시름 때깔을 잃어가는 데도 메뉴를 더 늘리는 그런 아둔함 때문에 경쟁자에게 자꾸 치이는 거야. 손님이 원하는 바를 읽어야 하는데 말이지. 그저 손님은 손님, 식당 주인은 식당 주인이라고 선을 긋고서 접점을 찾으려고 하지 않기 때문에 식당은 8할이 실패하는 거야. 무엇을 팔 것인가가 아니라, 어떻게 팔 것인가를 생각해야 한다고."

식당, 생각을 깨야 이긴다

무엇을 파는가를 고민스럽지 않게 하는 것이 바로 '온리원'이라고 했습니다. 무엇을 팔던 딱 그거 한 가지만 파는 집은 백에 하나 정도이기 때문에 그 자체로 손님은 신뢰를 한다는 겁니다. 생각해 보니 우리 동네 주변에 딱 하나의 음식으로 1년을 버티는 집은 정말로 없었습니다. 그리고 또 생각해 보니 내가 누군가와 중요한 식사를 할 때는 기어이 그 한 가지를 잘하는 식당을 찾아갔다는 것도 깨달았습니다. 그 당연한 사실을 전혀 모르고 있었다는 아둔함과 어리석음에 너무 놀랐습니다. 매일의 끼니는 근처 아무 데나 갔습니다. 그러나 기념일, 초대, 인연을 만들기 위한 자리는 찾아서 갔습니다. 이것저것을 잘하는 곳이 아니라 그것 하나만 옴팡지게 잘하는 온리원 식당은 찾아서 갔습니다. 어떻게 파는지는 그다음의 문제입니다. 한 가지만 판다는 사실이 어떻게를 능가했다는 점을 깨달았습니다.

"어떻게 팔아야 할 것인가를 잘 모르면 그냥 한 가지만 팔면 돼. 온리원이 넘버원이거든. 하하."

12

손님의 눈으로
식당을 보다

아무래도 식당을 오픈하면 남의 식당에 다니는 것
은 어쩔 수 없이 줄어들 거 같습니다. 그래서 요즘 부지런히 아내와 벤
치마킹을 빙자한 외식을 자주 합니다. 내가 식당 주인이 되었을 때 어
떻게 해야 손님이 좋아할 것인지 직접 느껴보라는 이 소장의 권유도 있
었지만, 그동안 식당과는 무관한 인생인 줄 알았기에 식당을 제대로 본
적이 없었습니다. 그냥 괜찮으면 괜찮은 거고, 싫으면 안 가면 되는 정
도였기에 사실은 그렇게 많은 식당을 가봤지만 뭐가 특별히 좋았고 뭐
가 특별히 싫었는지는 기억에 없었습니다. 사실 그 점이 매우 무서웠습
니다. 아는 것 같지만 실제는 아는 게 너무 없다는 그 사실이 말이죠.

길가에 나름 예쁘게 꾸민 식당이 눈에 들어왔습니다. 고깃집치고는
산뜻한 분위기가 좋아서 들어갔습니다. 고기류 외에는 식사류가 많지
않은 메뉴도 좋았습니다. '고깃집에서 고기 팔면 됐지, 식사에 왜 그렇

식당, 생각을 깨야 이긴다

게 목을 매냐'고 툴툴거리던 이 소장이 생각나 피식 웃었습니다. 맞습니다. 밥 먹으러 고깃집은 가지 않았습니다. 밥은 밥집에서, 고기는 고깃집에서인데 말이죠. 그럼에도 대부분의 식당들은 기어이 점심 특선을 만들어 밥도 팔려고 합니다. 물론 저도 이제 식당인이 되어가는 중이라 이해는 합니다. 그 비싼 월세를 내고 점심을 놀리는 것이 아깝기도 할 테니 말입니다. 그런데 그런 점에서 이 소장이 한마디 거들었던 이야기를 옮기면 이렇습니다.

"고깃집에서 점심 하는 거 좋아. 그런데 그 준비는 언제 해? 누가 해? 점심에 얼마 팔 건데? 생각해 봐. 고깃집 늦게 마치고 들어가서 쉬어야 하는데 점심 장사하려면 최소 10시엔 식당에 나와야 해. 그만큼 피곤할 텐데 그걸 견딜 수 있나? 그리고 그걸 혼자서 준비한다? 아니지 최소한 일손 하나는 써야 해. 그럼 그 인건비는? 고임금이 아니라 쳐도 그 인건비를 생각해야지. 월세는 아깝고, 인건비는 안 아깝나 보지? 정말 더 무서운 게 인건비인데 말이야. 사람들은 뭉칫돈만 생각해. 그게 이상해. 월세는 고정이고, 인건비는 변동인데 그 변동이 얼마나 더 무서운지를 몰라. 그렇게 사람 써서, 자기 몸 고생시키면서 점심에 얼마나 팔 건데? 고깃집에서 나는 고기 냄새야 고기 먹을 때나 반갑지, 밥 먹을 때도 반가울까? 역지지 않았어? 그런 데서 기어이 밥을 먹어야 하냐고. 넘치도록 많은 게 밥집인데 말이야. 그래서 고깃집은 점심을 하지 말아야 해. 체력을 아껴서 저녁에 집중해야 해. 인건비를 아껴서 저녁에 더 써야 해. 차라리 저녁에 한 시간 더 연장해서 장사하는 게 낫지. 밥과 고기 단가가 틀리니까 고기 두 테이블 더 받는 게 점심 장사 열 팀 받는 것보다 수익으로도 더 나을 텐데, 문 닫는 점심 월세에 스스로 고생을 사서 하는 게 참 안타까워."

둘이서 과감하게 고추장 삼겹살 3인분을 시켰습니다. 그랬는데 생각보다 양이 적어 보여 "3인분 맞죠?"라고 물었더니 "네. 그럼요."라고 건조하게 대답을 합니다. 내가 보기엔 적어 보이는데(내가 손님으로 돈 쓰면서 사 먹은 경력이 25년인데 말이죠) 주인이 맞다고 하니 짜증부터 납니다. 속으로 '그래, 내가 지금 공부 차원에서 먹는 거니까 참는다. 다음엔 다시 찾지 않을 거니까!'

양이 적어 보이면 고쳐야 하지 않을까요? 하다못해 담음새라도 다르게 해서 정량으로 보이게 하는 게 맞을 거 같습니다. 아니면 저울 하나면 간단히 풀립니다. "보셨죠? 양이 뭉개져서 작아 보이지 정량 맞습니다." 이렇게 손님의 기분을 이해하고 풀어주는 것이 필요하다고 단박에 깨닫게 됩니다. 그저 손님일 때는 짜증만 났지만, 공부라 생각하니 단점이 오히려 반갑습니다. 고기 찬을 어떻게 주는지 의미 없는 기대를 가지고(대단할 거 같다는 생각은 이미 버림. 2명이 첫 주문을 3인분 했음에도 양에서 적다는 걸 확인했기 때문에) 기다렸습니다. 그랬더니 역시나입니다. 셀프 찬 코너에서 담아서 줍니다. 만들어 주는 것이 아니라 추가로 가져다

식당, 생각을 깨야 이긴다

먹는 셀프찬 코너에서 담아서 내줄 뿐이었습니다.

특별한 찬도 없고 먹을 만한 찬도 없습니다. 그 흔한 된장찌개조차
주지 않습니다. 고기가 많은 것도 아니고, 찬이 특별한 것도 아니고, 친
절하거나 손님이 외줌을 고마워하는 주인도 아니니 도대체 무슨 생각
으로 장사를 하는 걸까 하는 의문이 듭니다. 이렇게 주고서 많이 남겼
다고 치겠습니다. 아주 많이 남겨 봐야 1인분 13,000원에서 얼마나 남
길까요? 무려 만원이 남는다고 치겠습니다. 절대 그럴 리 없겠지만 1만
원이 남는다고 치겠습니다. 처음 식당을 찾아온 손님 둘에게 3인분에 3
만원 남기고 더 이상 손님으로의 관계를 이어가지 못한다면 그건 누가
이득일까요? 손님이 피해일까요? 갈 곳이 없으니까? 천만에입니다. 손
님은 갈 곳이 지천입니다. 정히 없으면 까짓거 고기 사다가 고추장에
무쳐 먹으면 됩니다. 게다가 마트에는 이미 무쳐진 삼겹살도 팝니다.

여기서만 먹을 수 있는 음식이 아닙니다. 어디서든 먹고, 내가 해먹
을 수도 있는 게 모든 음식입니다. 내가 해먹는 것과 비교할 수 없는 절
대의 맛도 아니고, 내가 차려 먹는 것과 크게 다른 찬도 없는데 또 가야
할 이유가 있을까요?

이 소장이 만드는 고깃집의 모토는 이겁니다. "고기 추가엔 반드시 보답합니다." 저는 그 소리를 들었을 때 정말 속이 시원했습니다. 고깃집에서 고기 추가하면 첫 상에 깔아준 찬도 추가로 제대로 준 적이 없습니다. 처음엔 주고, 두 번째는 돈을 내라고 합니다. 내가 지금 고기를 추가하면서 달라고 했음에도 말이죠. 고기 추가 없이 그냥 찬만 더 달라고 했다면 당연히 돈을 더 내는 게 맞습니다. 그러나 나는 고기를 추가하면서 찬을 한 번 더 달라고 했을 뿐인데 식당은 냉정하게 돈을 달라고 합니다. 그래서 저는 대체로 고깃집에서 고기를 추가하지 않습니다. 가급적 추가하지 않고 인원수대로 먹고 다른 집으로 옮겼습니다. 정말 대단한 맛이 아닌 이상은 늘 그래왔습니다. 손님이 그런 마음을 가지게 한것은 식당인데, 식당은 고기를 추가하지 않아서 매출이 늘 고만고만하다고 불평을 합니다. 자기들이 뭘 잘못했는가는 생각도 없이 말이죠.

아구찜은 콩나물찜이 아닙니다. 아구가 많아야 아구찜입니다.
부대찌개 4인분은 팔지 않습니다. 3인분만 드셔도 충분합니다.
고기를 추가하시면 반드시 보답합니다. 추가에 고기만 딸랑은 없습니다.

이 소장의 식당 컨셉은 철저하게 손님에게 맞춰져 있습니다. 손님을 위한 상차림을 강조합니다. 그래서 주인이 주방에 들어가지 않아야 한다고 합니다. 주방에서 힘듦을 경험하면 더 주고 싶어도 사람인 이상 그러기 힘들다고…. 그래서 주방의 힘듦은 주인이 경험해서 득이 될 게 없다고 합니다. 몰라야 시키고, 알지 못해야 퍼줄 수 있다는 말에 신뢰가 듬뿍 생겼습니다. 손님이 바라는 바를 팔면 손님은 반드시 또 구매하고 재방문합니다. 바로 그거라는 생각을 깨닫는 시간이었습니다.

식당, 생각을 깨야 이긴다

13
돌짜장을 선택하다

가든에 자리 잡은 저의 메뉴는 돌짜장입니다. 짜장면인데 돌판에 나가서 지글거리는 소리가 일품인 음식입니다. 이미 이 소장을 통해 여러 곳에서 성과를 보인 메뉴입니다. 마음먹고 만들면 6개월에 서너 개는 금세 만들어 내는 이 소장이 최근에 주력하는 음식입니다. 한때는 초밥집을 연달아 만들고, 한때는 부대찌개집과 동태탕집을 만들고, 한때는 칼국숫집을 연달아 만들길래 한 번 물어봤습니다.

"형님은 만들려고 마음먹으면 금세 하는데, 왜 프랜차이즈 사업은 안 하나요?"

정말 궁금했습니다. 매번 다른 식당을 만들기보다는 그중에서 가장 좋은 성적을 가진 식당을 모델로 복사를 하면 쉬울 텐데 왜 그걸 하지 않을까 늘 궁금했었습니다.

"나는 같은 걸 만드는 게 재미가 없어. 10개까지는 어찌어찌 조금씩 비틀어서 다르게 할 수 있는데, 그 이상은 무리야. 그런데 체인사업은

돌짜장은 뜨겁습니다,
밥까지 비벼 드심 별미구요

돌짜장 중 20,000원 대 30,000원

동일한 것을 가지고 수백 개도 하잖아? 난 그게 재미가 없어. 그게 첫
번째 이유고, 두 번째는 실패의 위험이 높아. 창업자가 고른 자리도 다
제각각이고, 그 자리의 주방 환경이나 홀 크기도 다르고, 창업자가 가
진 실탄도 다르고 취향도 다른데 나 좋자고 동일한 것을 하라고 할 수
는 없잖아? 거기에 맞춤한 어울리는 것을 하라고 권하는 것이 옳은 일
이지. 나 쉽고 편하자고 돈 벌자고 무조건 그걸 하라고 하는 건 아닌 거
같아. 입장과 능력, 사정과 가능성, 형편과 자금의 크기가 모두 제각각
인데 그걸 하나에 꿰어 맞춘다는 건 정말 위험한 일이지. 그리고 그렇
게 수백 개 만들어서 돈 벌 마음도 없고…. 돈은 그냥 벌리나? 그렇게
하려면 직원도 여럿 있어야 하는데 내가 일일이 모든 식당을 다 챙겨서
만들 수도 없고. 그래서 직원에게 맡기면 어쩔 수 없이 착오나 과오가
나서 누군가에겐 시작부터 지옥인 창업이 될 수도 있을 테고 말이지."

그래서 또 물었습니다.

"그럼 요새 돌짜장을 선택한 이유는요? 다른 창업 전문가들 대부분
은 짬뽕집을 하라고 하지 않나요?"

기다렸다는 듯이 술술 풀어서 말합니다. 고민도 없습니다. 하루 종일
식당과 관련한 것들만 생각하고 보고 정리한다는 말이 틀리지 않습니
다. 뭘 물어도 기다렸다는 듯이 대답을 합니다.

식당, 생각을 깨야 이긴다

〈면 음식이 좋은 이유〉

1. 원가가 싸다. 직접 제면을 하지 않고 A급 면을 구매해도 1인분 기준 500원 선이다. 냉면도, 칼국수도, 우동면도, 중화면도 500원이면 A급 제품을 쓸 수 있다. A급이란 어설픈 제면으로 직접 만든 면보다 낫다는 것인데, 대부분의 식당들은 A급보다는 그보다 단가가 싼 B급을 주로 쓴다. B급과 A급의 단가 차이는 100~200원 남짓인데도 조금 더 싼 면을 쓰니까 자가제면과의 싸움에서 쉽게 무릎을 꿇게 된다.

2. 반찬이 필요 없다. 식당 초보는 모르지만, 식당 경험이 있을수록 반찬이 얼마나 힘든지 안다. 매번 다른 반찬을 만드는 일도 고되고, 반찬에 들어가는 원가도 만만치 않고, 반찬 때문에 일손이 더 필요한 것 역시 가장 큰 고민인데, 면 음식은 반찬의 고생에서 해방되기 때문에 큰 장점이다.

3. 배우기가 쉽다. 한식에 비해서는 면이 그래도 배우기가 쉽다. 이것저것을 다 배워야 하는 것이 아니라 초보도 일주일에서 보름이면 얼마든지 숙련자 흉내가 가능한 것이 면 음식이다. 물론 흉내 정도다. 뭐든 제대로가 되려면 수개월은 필요하다. 하지만 흉내 정도로도 손님의 입맛을 잡을 수 있는 것이 식당이다. 거기서 더 나아지기 위해서의 노력을 하느냐 안 하느냐의 차이일 뿐이다.

〈짬뽕이 아니라 짜장을 선택한 이유〉

1. 3대 불패 메뉴다. 대대로 내려오는 3대 불패 메뉴는 치킨, 삼겹살, 짜장면이다. 남녀노소를 가리지 않고 누구나 좋아한다. 아빠가 어렸을 때에도 있던 메뉴고, 내 아이가 아빠가 되어서도 있을 메뉴가 바로 이것들이다. 짜장면에는 추억이 있다. 특히 운동회날 먹었던 짜장면

은 현재의 어른들에게는 누구나 가지고 있는 추억이다. 짬뽕은 매워서 아이들은 못 먹지만 짜장은 어린애들도 잘 먹는다. 노인도 짬뽕은 매워서 못 먹지만 짜장면은 먹는다. 추억도 생각하면서 먹는다.

2. 짬뽕은 흔하다. 정말 많다. 짬뽕으로는 특화를 시키기가 너무 어렵다. 홍합 잔뜩은 이미 흔해졌고, 오징어도 넣어봤고 꽃게도 넣어봤다. 이것저것을 넣어서 해물탕처럼 끓여 먹는 짬뽕집도 있다. 정말 다양한 형식의 짬뽕집들이 춘추전국으로 싸우는 형세다. 거기에 뛰어들어 이긴다는 보장 역시 없다. 선수가 많으면 1등 할 확률이 그만큼 떨어지는 건 당연한 이치다.

3. 짬뽕에 비해 만들기가 수월하다. 짬뽕은 해물 손질이 힘들다. 특히나 홍합을 많이 쓸 때는 세척과 해감도 큰일이다. 실제로 짜장이 수월하다는 것은 상상만으로도 이해가 갈 것이다.

4. 짬뽕은 아무래도 만드는 시간이 길다. 미리 끓여두면 맛이 떨어지니 주문과 동시에 조리를 하는데 그래서 주방이 더 힘들다. 특히 초보자는 정말 어려운 메뉴 중 하나가 짬뽕이다. 면 음식이 아무리 초보에게 적합해도 짬뽕은 난이도가 높은 음식이다. 그에 반해 짜장은 수월하다. 짜장 소스는 미리 만들어 두어도 상관없기에 재료를 볶아서 내주는데 3분이면 충분하다.

5. 짜장면집은 적다. 짜장면만 전문으로 하는 집은 없다. 수타짜장도 짬뽕을 비롯해 이것저것을 팔고, 쟁반짜장도 있지만 그것만 팔지는 않는다. 물론 짬뽕만 파는 집도 드물지만, 짜장만 파는 집은 대한민국에 일절 없다고 봐도 과언이 아니다.

"그럼 여태까지 짜장면집을 하지 않았던 이유는 뭔가요? 왜 이제 와서 이렇게 돌짜장을 만드는 건가요?"

"짜장면집이 적은 이유를 말했잖아. 짜장은 특색이 없어. 짬뽕처럼 뭔가를 올릴 수가 없다 보니 백종원의 마카오반점도 홍콩반점처럼 나가지 못했던 거야. 그래서 나도 3대 불패 메뉴라는 건 알았지만 하지 않았지. 시도가 아니라 생각도 하지 않았었어. 그러다가 '금용'(청주시 내덕동에 있는 중식당. 2대를 이어가는 31년 한 자리 노포 식당)의 돌짜장을 직접 먹어 본 거야. 이게 동영상으로 보는 것과 직접 눈으로 본 게 다르더라구. 동영상은 재미로만 봤는데, 직접 보니까 이거 물건이겠다 싶더라구. 특히 지글거리는 소리가 압권이야. 가능성이 있겠다고 판단한 거지. 백문이 불여일견이라고 눈으로 본 게 틀리고, 직접 만진 게 틀려. 그 차이를 잡아채는 것도 기술이라면 기술인데, 자연스럽게 직관적으로 상품성이 있다는 느낌이 오더라구."

"그럼, 기존 중국집들, 짜장을 팔던 짬뽕집들이 따라 할 텐데 그건 어쩌려구요?"

"하하. 다들 그 소리를 하더라구. 그런데 말이야. 대부분의 식당은 온리원을 못해. 두려워서 못해. 짬뽕을 팔다가 돌짜장을 함께 파는 것과 짬뽕을 버리고 돌짜장만을 팔 수 있을까? 쟁반짜장을 하다가 그걸 버리고 돌짜장만 할 수 있을까? 못해. 하던 걸 포기하고 내려놓고 할 정도로 온리원이 만만한 게 아니야. 따라 하는 건 어렵지 않지만 그래서 쉽지는 않아. 한 가지로만 파는 걸 따라 한다는 것이 쉽지 않으니 내가 먹고 사는 이유이기도 하지."

"그래도 혹시 새로 창업하는 사람들이 죄 따라 하면 어쩌려구요?"

"하하, 내가 만드는 식당들이 어디에 있지? 요새는 대부분 가든이야. 동네에서도 만들기는 하지만 동네에서는 돌짜장을 하지 않을 거야. 동네에서는 밥집보다는 술집이 옳다고 믿기 때문에 밥집인 돌짜장을 할 이유가 없어. 그리고 일반인들은 사람도 다니지 않는 가든 길가에서 하나짜리 메뉴만으로 차릴 생각을 절대 못 해. 안심해도 될 정도야. 이걸 백날 공개해도 내가 직접 차려주는 식당이 아닌 이상은 가든에 나갈 생각조차 하지 않아. 무섭거든. 심지어 나와 함께 여러 달을 걸려 차린 가든 식당도 나와 헤어지는 순간 메뉴를 늘릴 정도인데, 내 훈수가 없는 사람들이 가든에다가 단일 메뉴를 할 수 있을까? 〈맛있는 창업〉을 오래 보기 전에는 대부분 그들도 사람 구하기 힘들다는 핑계부터 떠올리거든. 그러니까 그저 자기 생각대로 새로 창업하는 사람들은 동네에서나 겨우 따라 할 거고, 가든에서 장사하는 사람들이 가든에 있는 돌짜장을 본다고 쳐도 자기가 하는 메뉴에 끼워서는 할 수 있을지 몰라도 온리원은 하지 않을 거니까 괜찮아."

"그래도 가든에서 따라 하면 어쩌실 건가요?"

"왜 그런 생각까지 해야 하지? 나비효과라는 게 있으니까, 돌다리 두드려 건너라는 격언이 있으니까 그리 해야 하나? 따라 하면 하는 거지, 내가 못하게 특허를 낼 수도 없는 일이고. 따라 하면 나는 또 다르게 컨셉을 만들면 되는데 왜 그런 걱정을 하는지 모르겠어. 레드오션에 뛰어드는 건 바보지만, 아직 청정 블루오션인데 그걸 왜 미리 염려하고 대비해야 하는 거냐구? 그리고 심한 말로, 따라 해서 버거워지면 그때 다른 메뉴로 바꾸면 되잖아. 내가 돌짜장 하려고 태어난 것도 아니고, 지금은 청정 블루오션이지만 언젠가 레드오션이 된다면 그 때 바꾸면 되는 거라구. 내가 만들어 퍼뜨린 캐주얼초밥집 시장처럼 말이지. 적당한 시점에서 빠지면 되는 거야. 모르는 사람들이 뛰어들어 코피 터지는 거야 내가 어떻게 말릴 수도 없는 일이고."

그렇습니다. 우리는 해야 할 고민보다 하지 않아도 될 고민을 더 많이 하며 삽니다. 당장 하면 되는 데도 미루고, 당장 일어나지도 않을 일을 걱정부터 합니다. 부끄러워졌습니다. 그런 질문이 우스워졌습니다. 지금까지 이 소장이 만든 식당의 음식은 대부분 우리가 아는 것들이었습니다. 부대찌개가 뭐 색다른가요? 동태탕이 엄청 힘들고 명절에나 먹는 귀한 음식인가요? 남들 다 하는 음식을 하나씩 뽑아서 온리원이라는 무기로 만들었고, 남들이 권리금에 높은 월세를 내면서 장사를 시작할 때 그 반대로 시도해서 열매를 맺어온 사람에게 너무 조악한 질문을 한 것이 부끄러워졌습니다. 그래도 초보는 용감합니다. 그래야 궁금증이 풀리니 더 물어봅니다.

"하나만 더 물어볼게요. 돌짜장에 대해서요. 그럼 형님은 앞으로도 돌짜장이 대세라고 생각하나요? 형님이 재미가 없어질 10개쯤까지는?"

"하하, 그런 생각은 해보지 않았는데 물었으니까 생각해 보면, 아마 그럴지도 모르고 아닐지도 모르지. 하지만 이건 확실해. 사정이 맞지 않으면 권하지 않을 거야. 이게 단가가 아주 높지 않으니까 회전율이 중요한데, 식당 크기가 작으면 회전율에 제약이 있거든. 그래서 적당한 크기일 때 돌짜장은 적당한 거야. 최소 테이블 15개쯤은 되어야 할만한 거지. 게다가 주방도 크기가 좀 맞아야 해. 주방이 작으면 그 작은 주방에 어울리는 음식을 권하는 게 옳은 거지. 게다가 그럴 리는 없지만, 주인이 밀가루 알레르기가 있다면 또 못하는 거고. 하하."

14
음식은 포인트가 중요하다

"저야 돌짜장을 선택했지만, 제가 만일 다른 메뉴를 한다면 뭘 주의해야 할까요? 형님은 맛은 크게 중요하지 않다고 하시니까, 음식마다 뭐를 중요하게 풀어내야 할까요?"

"맞아. 음식을 맛있게 하면 좋겠지만, 사실 그렇게 맛있게 할 수 없다는 게 문제야. 집에서 차려주는 음식이야 뭐든 맛있지만, 손님은 돈을 내고 음식이라는 상품을 구매하는 거니까 여간해서는 맛으로 돈값을 치르기가 쉽지 않아. 철수 아빠가 45년을 살면서 가본 식당이 최소 수백 개는 될 거야. 점심을 때우기 위한 식당부터 저녁의 술자리, 가족과의 외식, 일부러 가본 맛집, 여행지에서의 식당들까지 따지면 1년에 아무리 못가도 수십 곳은 들리게 되지. 거기에 살아온 인생을 곱하면 최소 수백 개는 거뜬할 거야. 그럼 물어볼게. 그렇게 많이 가본 식당 중에서 오직 맛 하나로, 규모·분위기·가격·친절 이런 거 다 빼고 진짜 맛으로만 기억되는 식당이 몇 개나 있어?"

식당, 생각을 깨야 이긴다

"그렇게 물으시니 막연한데, 그래도 제법 될 거 같은데요?"

"그럼 다시 물어볼게. 식당에서 음식을 다 먹었어. 그리고 계산을 하러 가다가 다시 이 집을 언제 또 올까 싶어서 배는 부르지만, 나가려다 말고 한 번 더 같은 음식을 주문해서 먹은 식당이 있는지 생각해 봐. 나는 그런 집이 지금껏 4~5개쯤은 되는데, 철수 아빠는 몇 개일까?"

그렇게 질문을 받으니 진짜 맛으로 주저앉았던 식당이 또롯이 기억납니다. 몇 개 되지 않았기 때문입니다. 양평에서 먹었던 냉면 세 그릇이 기억나고, 진주에서 먹었던 깍두기 설렁탕이 기억납니다. 항아리에 든 깍두기를 혼자 한 통을 비우면서 먹은 두 그릇의 설렁탕을. 그런데 그 두 곳 빼고는 맛으로만 기억나는 집은 더 이상 떠오르지 않았습니다. 분위기가 좋아서 맛있었던 집은 많고, 규모가 크고 친절해서 맛있었던 집도 많습니다. 오히려 살가운 친절 하나로 잘 가는 집도 사실 맛은 그닥입니다. 저도 눈치가 제법인지라 이 소장이 왜 이런 질문을 했는지 대충 감이 옵니다. 맛에 집착해 본들 답이 없다는 뜻입니다.

"맛에 지나치게 매이지 말라는 소리인 거죠?"

"맞아. 음식은 누구랑 먹느냐가 중요하고, 언제 먹느냐가 중요해. 아내와 먹는 밥과 애인과 먹는 밥이 아무래도 다르겠지? 내일 승진이 기대되는 점심과 내일 명퇴가 기다리는 점심은 다르겠지? 이렇게 손님마다 저마다의 사연과 입장이 다른데 어떻게 맛 하나로 그걸 평정할 수 있을까를 생각해야 해. 철수 아빠의 기억에 훨씬 더 많은 맛집들이 맛은 대단하지 않았지만 다른 이유로 맛집 리스트에 있는 것처럼 식당은 맛이 아니라 맛있게 보여질 포인트를 정확히 알아야 하는 거야."

아무래도 중요한 내용이라 번호를 매겨서 정리하겠습니다. 번호가 붙은 내용은 아무래도 집중이 더 잘될 테니 말입니다.

1. 칼국숫집은 겉절이가 맛있어야 한다. 그런데 창업자는 겉절이보다 칼국수 맛을 더 연구한다. 당사자도 실제는 겉절이 때문에 칼국숫집을 선택하면서 말이다.

2. 설렁탕은 깍두기가 맛있어야 한다. 부산의 한 식당 주인은 서울 유명한 설렁탕집에서 깍두기 만드시는 할머니를 스카우트해서 월급을 500만원(당시 주방 임금이 100만원쯤이 평균일 때) 주고, 40평 식당에서 일 매출 800만원을 팔았다.

3. 아구찜을 시키면 원치 않던 콩나물찜이 나온다. 그걸 바꾸면 된다. 아구찜을 맛있게 하는 것도 중요하지만 아구 양을 제대로 주면 손님은 맛있다고 엄지를 세운다.

4. 돈가스를 맛있게 튀겨본들 매일 돈가스를 먹는 사람이 아니고서는 그 맛의 차이를 모른다. 그러나 돈가스를 어마어마하게 크게 만들어 주면 누구나 다 맛있다고 인정을 한다.

5. 다시 칼국수를 빗대어 설명하면, 칼국수에 겉절이가 정말정말 맛있어도 정작 칼국수 양이 적으면 불이 확 붙지 않는다. 국물이 그릇에 넘치게끔 찰랑이게 줘야 겉절이의 힘이 더 빛난다. 주객전도는 어느 선까지만 매출이 오를 뿐 결국 주인공에서 푸짐해야 한다. 아구찜에서의 아구처럼 말이다.

6. 감자탕에서 국물이 중요하지만 정작 뼈가 많지 않은 것도 오류다. 국내산 뼈를 사용해야 좋다는 건 착각이다. 맛있어 본들 감자탕이다. 건져 먹을, 발라 먹을 살이 많은 뼈의 개수가 중요하다. 수입산 뼈를 쓰는 게 현명하다. 국내산은 발골 솜씨가 좋아서 살이 많이 붙어있지 않다.

이런 식으로 각 음식마다 그 음식이 필요로 하는 또는 빛을 발하는 포인트를 찾아 주면 되는데 대부분의 식당은 식당 입장에 맞춰 식당이 조금이라도 더 남는 원가만을 쓰니까 경쟁이 어렵다고 말합니다. 어차피 손님이 줄고 없으면 매출도 없는데 왜 손님부터 오게끔이 아니라 남길 것부터 생각하는지 아쉽다고 했습니다. 주력을 잘 줘야 하고, 주력을 돋보이게 하는 찬을 제대로 만들어야 하는데 이 간단한 기본원칙조차 없이 혹은 모르고 식당을 차리니까 망하는 것이 당연하다는 아픈 소리도 했습니다.

손님의 눈으로, 마음으로, 지갑으로 생각하라는 이 소장의 말을 듣고 시작하는 내 창업은 그래서 걱정이 한결 덜해졌습니다. 다른 음식에 비해 원가의 여유가 많은 식당은 가격을 싸게 하기보다는 압도적인 양으로 승부하는 게 더 빠르다는 소리에, 고개를 끄덕일 수밖에 없었습니다. 마진이 좋을수록 더 퍼주면 결국 그것이 손님의 줄서기라는 볼륨으로 온다는 것이 충분히 이해되었기 때문입니다.

15
상호를 짓다

'오늘부터 애간장' '그남자의 가브리살' '아빠는 막걸리' '엄마는 아구찜' '아이러브 돼지갈비' '제크와 돈까스' '빛나는 감자탕' '고장난 소바' 등등의 이름 모두 이 소장이 지었습니다. 한때는 카피라이터가 꿈이었다는 이 소장은 상호를 짓는 솜씨도 탁월합니다. 그런데 어느 날부터 이런 상호를 만들지 않았습니다.

"형님, 요즘은 왜 이런 상호를 만들지 않는 건가요?"

"그러게. 나도 요새는 그런 이름을 잘 짓지 못하겠더라구. 감각이 떨어진 것은 아니니 염려 말아. 그냥 굳이 그런 이름이 필요치 않더라구. 그보다 더 좋은 상호가 옳다고 생각되면 그쪽으로 하는 것뿐이니까 말이야. 우리가 맛집을 검색할 때 뭐라고 해? 한 번 생각해 봐."

"'성수동 맛집' '성수동 돈가스' '성수동 고깃집' 뭐 이렇게 검색하겠죠?"

"바로 그거야. 돈가스집을 차린다면 동네 이름을 넣어서 만들면 되

식당, 생각을 깨야 이긴다

는 거지. 그럼 검색하면 그대로 뜰 테니 말이야. 게다가 동네를 접수한다는 느낌도 들고 말이지. 아무리 다른 돈가스집이 생겨도 내가 이미 '성수동 돈가스'라고 이름을 붙인 이상, 그 사람은 쓸 수 없으니까 말이야. 다른 이름으로 유명하다고 쳐도, 그 집 상호를 모르는 사람들은 일단 성수동에 있는 유명한 돈가스 정도로 검색할 테니까 나에게 유리한 셈이지. 이미 그런 지명을 넣은 식당은 흔해. '춘천 닭갈비' '횡성 한우' '을지로 골뱅이' '왕십리 곱창' '신당동 떡볶이'처럼 이미 동네 이름을 넣은 식당을 다른 동네에서도 흔하게 볼 수 있잖아. 물론 이미 선점된 그런 지명은 내가 쓰는 게 바람직하지 않지만, 아직 개척되지 않은 동네 이름과의 결합은 손쉽게 그 지역을 접수하게 되는 거지. 게다가 동네 사람은 자신이 사는 동네 이름을 넣었기 때문에 관심도 더 가고, 괜한 애정도 생길 수 있지. 큰 흠이 없다면 말이야."

"그럼 상표 등록은 어떻게 해요? 동네 이름으로는 등록이 안 되지 않나요?"

"하하, 철수 아빠는 아는 거 많아서 좋겠다. 농담이고. 상표 등록을 왜 해야 해? 체인사업 하려고? 45년 만에 처음 식당을 하는 철수 아빠가 남에게 식당을 내줄 만큼 성공할 수 있어? 상표 등록은 신경 쓰지 마. 지금은 그게 중요한 게 아니고, 살아남는 게 중요한 거니까. 살고 봐야 할 거 아니야. 상표 등록 신경 쓰지 말고 식당 하나만 제대로 해보겠다는 생각이면 돼. 잘되어 나중에 누가 내달라고 하면 '상호는 알아서 만들어 쓰세요' 하면 되는 거지."

그래서 이 소장은 동네 이름이 남다르거나, 음식과 붙였을 때 발음이 매끄럽다면 '효자동초밥' '가락동초밥집' '사가정 칼국수' '곤지암 돌짜장' '파주 돌짜장' '화순집'이라고 상호를 붙였던 겁니다. 물론 모든 상호를 그렇게 만들지는 않습니다. 점주의 특징이 남다르거나(남자의 부엌, 웃는곰갈비, 철수와캔디의 부대찌개), 점주의 성씨가 독특하다면(공부장 호프, 경자씨 육개장) 특별하게도 만들었습니다. 건물 자체가 특이하면 건물을 상호에 넣기도 했습니다(양수리 한옥집, 거북선 해물찜). 때로는 '우리동네'라는 타이틀을 붙여서 '우리동네 감자탕' '우리동네 동태탕' '우리동네 우동집'이라고도 지었습니다.

이처럼 상호를 만드는 방법도 여러 가지라는 것을 새삼 알 수 있었습니다. 그중에서도 지명을 통해 지역의 대표 식당이 된다는 발상은 참 쉽고 당연함에도 모르고 있었지 싶습니다. 유명한 지역 식당은 알고 보면 그 지역 이름을 붙인 집들이라는 공통점도 새삼 느낄 수 있었습니다.

"상호는 정말 중요해. 점주에게 얼마나 소중하고 중요한 이름이겠어. 그런데 상호에 너무 목숨 걸지 않아도 돼. 목숨은 주력 음식에, 상차림에, 가성비에 담는 거야. 이름에, 디자인에, 간판에 목숨 걸지 말자구. 손님들은 남의 식당 이름이 뭔지 크게 궁금하지 않아. 그래서 근사한 상호보다 오히려 '성수동 돈가스'를 잊지 않을 수 있는 거야. 손님이 상호와 간판까지 신경 쓰지 않아. 그냥 딱 보고 '예쁘다' '후지다' '별로다' '성의없다' 이 정도만 기억하는 거야. 물론 기왕이면 예쁘게 해야지. 돈 들여서 예쁘게 해야 하는 건 당연한 준비이긴 하지만 온전히 상호와 디자인에 목숨 걸 이유는 없어. 로고 서체에 목숨을 거는 사람을 본 적이 있는데 그건 순전히 자기 취향이더라구. 나는 하나도 예쁘지가 않았어."

식당, 생각을 깨야 이긴다

그래서 제 식당의 이름도 이 소장이 큰 고민 없이 '산촌 돌짜장'이라고 심플하게 지어주었습니다.

"산촌은 이제 철수 아빠 거야. 누가 따라 한다고 해도, 산촌에서 돌짜장은 또 할 수는 없어. 다른 이름으로 카피를 한다고 해도 결국 사람들은 산촌 돌짜장이라고 찾을 테니 말이지. 하하."

16

테이블과 유리창에
스토리를 넣어라

대부분의 식당은 간판에 상호를 넣습니다. 넣을 곳이 보이는 빈 공간에는 모조리 상호를 넣습니다. 그런데 이 소장은 다릅니다. 상호는 전면 간판에만 넣습니다. 돌출에도 다른 문구를 넣고, 출입구 입간판이나 창에 매다는 포인트 간판에도 상호보다는 다른 말을 넣습니다. 내 식당의 장점, 내 식당의 지향점, 내 식당의 차별점 등을 넣습니다. 메뉴가 많지도 않은데 말이죠. 돌짜장과 매운갈비찜 딱 2가지 메뉴로도 엄청난 말들을 만들어 냅니다. 그것도 같은 메뉴를 가지고 오픈하는 식당이라고 다 똑같지도 않습니다. 저마다 틀립니다. 그 점이 참 인상적입니다.

이 소장이 오픈했다는 식당을 우연히 들렀을 때 보고 느낀 문구들은 굳이 점주가 이러니 저러니를 설명하지 않아도 이해가 가고, 무릎을 치게 하는 그런 힘이 있었습니다. 덕분에 '양수리한옥집' 사장님이 군인일 때 섬마을에서 아이들을 가르쳤다는 것도 알 수 있었고, 그런 탓에

식당, 생각을 깨야 이긴다

역곡의 '동태한그릇' 사장님이 냉면 전문가이면서도 시작은 본인이 즐기지도 않던 동태탕이었다는 사실도 알 수 있었습니다. 담양의 '제크와 돈까스'가 왜 낮 3시까지 영업하는지도 슬쩍 이해할 수 있었습니다.

"원래 간판에는 상호만 넣어야 하는 거 아닌가요?"

"원래라는 게 어디 있나? 딱히 다른 말을 넣을 게 없으니까 그냥 상호를 넣는 거뿐이지."

"그래도 자꾸 상호를 노출시켜서 '반복세뇌!' 이런 걸 해야 하는 거 아닌가요?"

"그럼 물어볼게. 우리가 사는 동네에 샤브집 이름이 뭔지 알아? 김밥집 이름이 천국인지, 사랑인지 알아? 떡볶이집 이름은 알고 있어? 아마 모를 거야. 어디에 뭐가 있는지는 알아도 그 집 이름까지 기억하기는 참 어려운 일이야. 내 것도 아닌데 그것까지 외워야 할 필요가 없는 거지. 상호는 점주만 중요해. 지나다니는 사람들에게는 아무런 느낌도 감흥도 없는 것이 상호야. 그래서 그 외워지지 않는 상호보다는 '무슨 식당' '무엇을 파는 집'이 어디에 있다는 것만 알리면 되는 거야. 그러자면 어때야 기억할 거 같아? 손님 스스로가 상상하도록 놔두자는 거야. 내가 하고픈 말을 간판이 해주게 하는 거지."

"그런데 간판을 붙일 공간은 한정되어 있잖아요. 형님 말대로 상상하게끔 써보이고 싶어도 작은 식당은 붙일 공간이 없잖아요?"

"왜 없어? 일단 유리창이 있잖아. 그 유리창에 하고픈 말을 써두면 지나는 사람이 당연히 보겠지? 내가 하고픈 말을 유리창을 통해 대신할 수 있잖아. 그것뿐인 줄 알아? 냅킨도 있고, 벽도 있어. 화장실 가는 길도 좋고, 내부도 좋아. 덕지덕지가 아니어도 얼마든지 쓸 수 있는 공간은 널려 있어. 심지어 테이블 상판을 메뉴판으로 써도 되는 거지. 세상에 안 되는 게 어딨어? 찾으려고 하지 않고, 보려고 하지 않으니까 없다고 느낄 뿐이지."

다음은 이 소장에게서 얻은 우리 가게의 스토리를 만드는 법입니다. 문장력과 단어 선택은 각자의 몫이지만 참고하시기 바랍니다.

1. 내 식당만의 장점을 적어본다. 다른 곳에는 없고, 나만 가지고 있는 장점을 적는 것이다.

2. 장점 중에서도 특별한 강점(기발하거나 동네에서 처음이거나 남들이 따라 할 수 없는 강력한 무기 같은 것들)을 또 정리한다.

3. 손님에게 그것을 보여주고 싶은 순서대로 정리한다. 한 번에 다 보여 줄 수는 없으니 우선순위를 정한다.

4. 방송에서 내 식당을 취재하려는데 그쪽에서 "사장님 식당의 특징을 딱 2개만 뽑아주세요. 진짜 이건 자랑이다 싶은 걸로요."라는 질문에 대답할 것을 뽑는다.

5. 여기서부터 중요하다. 어설픈 것은 뺀다. 자랑, 장점에 시비가 붙을

식당, 생각을 깨야 이긴다

수 있는 것도 뺀다. 그 이유는 너무 많은 맛을 보여주면 뭘 먹었는지 잊어버리는 것처럼, 너무 많은 자랑을 하면 진짜 자랑거리를 눈치채지 못하기 때문이다.

6. 가급적 남들이 하지 않던 것이 유리창에 붙는 게 좋다. 새로운 것에 대한 확실한 차별화 탓이다. 남들이 다 정인분 주문을 요구할 때 '4인분은 팔지 않아요' 같은 것을 보여줌이 좋다. '맛있어요'가 아니라 '4인분 팔지 않는다'는 뜬금없는 말이 더 호기심을 유발하기 때문이다.

7. 문구는 문장으로 만들지 말아야 한다. 문장은 길다. 지나는 사람이 짧은 시선에 긴 문장을 읽어줄 배려는 없다. 찰나에 머리에 박히도록 해야 한다. '김치찌개 4인분은 팔지 않습니다'보다는 '4인분은 팔지 않아요'면 되는 것이다.

8. 모든 문구를 다듬어라. 그래서 더 간결하고 더 쉬운 문구로 호기심을 유발해야 한다. 이해까지는 바라지 않는다. 길게 설명해도 이해 못하는 것이 남이다. 이해보다는 호기심, 눈길을 잡기 위한 문구로 고치고 다듬어야 한다.

9. 글자로 붙여라. 디자인으로 만들어 붙이면 그림이 된다. 그런데 글자로 따서 붙이면 글자가 둥둥 떠서 머리에서 상상하게 된다. 창에는 글자로 떼어 붙이는 것이 상상력을 자극하는 데 도움이 된다. 그림으로 만들면 보려는 시도조차 잘하지 않는다.

10. 글자의 색상은 흰색과 노랑으로만 한다. 더 많으면 산만해진다. 그리고 글자의 크기도 주력할 문구는 크기를 달리해서 배치하고, 평범하지만 그래도 전달할 이유가 있는 문구는 똑같은 크기로 만들어 붙인다.

17

1인분을 버려라

"식당은 바보야. 손님의 마음을 너무 몰라. 본인이 손님이라는 생각을 하면 그걸 모를 수가 없는데, 아마도 식당 주인들은 절대 남의 집에서는 밥을 사 먹지 않나 봐. 죽으나 사나 인원수대로 팔려고 애쓰는 걸 보면 말이지."

이 소장이 만든 식당에서는 4인분은 팔지 않습니다. 팔지 못하게 합니다. 컨설턴트라는 사람이 4명에게 4인분을 팔지 말라고 가르칩니다. 그런데 그걸 가만히 나에게 적용하면 참 괜찮은 기술입니다. 저도 식당에 가서 김치찌개 4인분, 부대찌개 4인분 시키는 건 너무 아깝다는 생각이 들었기 때문입니다. 손님인 제가 양을 아는 것도 아니고, 국물만 부어서 4인분을 준 건지, 고기 대신 김치만 더 넣어주고 4인분이라고 하는지는 알 수 없는 일입니다. 그래서 4명이 가면 찌개 2인분에 조림이나 볶음 2인분을 시켰습니다. 정말로 찌개로 밥을 먹고 싶을 때는 김치찌개와 부대찌개, 된장찌개 이런 식으로 따로 주문을 했습니다.

전에는 그런 제 모습이 못나 보이기도 했습니다. 그런데 3인분과 4인분이 정말 다른지 모르게 주는 집들이 더 많은 것이 사실 아닐까요? 살면서 안 좋게 당한 기억이 많지, 흡족한 기억은 별로 없었습니다. 식당에서 먹는 쌀이 좋은 쌀인지도 모르겠고, 김치를 재활용한 찌개인지도 사실 겁납니다. 먹는 걸 가지고 장난치는 사람들이 많은 걸, 어른이 되면서 숱하게 봐 온 탓입니다.

그래서 4인분은 팔지 않는다는 말은 정말 명쾌합니다. 당당히 주문할 수 있습니다. '3인분 주시고 볶음 하나 주세요'라고 말이죠. 굳이 4명 중 일행 하나를 5분 뒤에 들어오라고 하지 않아도 되니 얼마나 마음이 편한지 모르겠습니다.

"4명이 와서 3인분 시키면 식당이 손해일까? 4명 중에 한 명이 난 다른 거 먹고 싶으니까 다른 데 가자고 한다면? 그래서 4명이 와서 3인분만 시키는 일조차 없으면 그게 더 손해 아닐까? 왜 이런 생각은 남의 일이라고 무심한지 모르겠어. 충분히 그럴 수도 있는데 말이지. 또 4명이 온다고 쳐도 그런 경우가 그렇게 많을까? 대부분은 2명, 3명이 올 텐데 왜 그 문구를 미리 써두지 못하는지 모르겠어. 2명이 와서 4인분은 팔지 않는다는 말에 "우리도 1인분만 줘요"라고 주문할 게 겁나서? 진짜 그런 게 겁나서? 그런 말도 안 되는 손님이 있을 거라고 믿어서? 그래 그럴 수는 있어. 3명이 와서 "우리도 그럼 2인분만 시켜도 되죠?" 이런 일은 있을 수 있겠지. 그럼 주면 되지 뭐. 2명도 4인 테이블에 앉을 거고, 3명도 4인 테이블에 앉을 텐데 말이야. 반찬을 더 먹는다고? 하하 반찬 더 먹는 게 아까워 무조건 인원수대로 주문해야 한다는 말이야?"

이 소장이 인원수대로 팔지 않아도 된다는 이유는 다음과 같습니다.

1. 식당에 4명이 올 확률은 높지 않다. 그러니까 '4인분은 팔지 않아요' 는 실제 그런 일은 자주, 빈번하게 일어나지 않는다.

2. 하지만 그런 문구를 본 손님들은 4명이 그 혜택을 보지 않았음에도 기분이 좋다. 그렇게 먼저 식당이 배려하는 경우를 경험하지 못했기 때문이다.

3. 4명이 오면 하나는 다른 것으로 먹는다. 찌개 3인분에 볶음 하나 식이다.

4. 4명이 볶음을 시키지 않고 찌개만 3인분을 먹으면 어떤가? 들어오지 않았으면 팔리지 않았을 텐데 '4인분은 팔지 않는다'는 문구 때문에 4명에게 3인분을 팔았으면 된 거다.

5. 3명이 찌개 2인분 달라고 하면 주면 된다. 3명에게 아무것도 못 판거보다는 2인분이라도 판 거라고 생각하면 된다.

6. 2명이 1인분 달라고 하면 정색을 하고 내보낸다. 장난도 유분수다.

7. 식당이 먼저 살을 내주는 거다. 한 사람은 유령이라고 생각하고 주문을 받는다. 그럼 된다. 그렇게 식당의 살을 먹은 손님은 결국 자신들의 뼈를 내준다. 먹었으니 내주는 거다. 그럼 최종 승자는 식당이다. 그게 바로 맛창식 계산법이다. 이게 그렇게 어렵고 시도하지 못할 산수일까?

식당, 생각을 깨야 이긴다

18

小中大는 인원수가 아니다

저도 셋이서 감자탕 먹으러 가면 中을 시킬 때도 있지만 小가 더 많습니다. 그건 어떤 상황이냐에 따라 다릅니다. 밥을 겸한 자리라면 大자도 시키지만, 다른 곳에서 1차를 한 후에 들린 감자탕집이라면 小가 편합니다. 그런데 가끔 눈치를 주는 곳이 있어서 마지못해 中을 시키지만, 그렇게 억지로 시키고 남길 땐 짜증이 납니다. 그리고 다음에 그 집은 아무래도 덜 가게 됩니다. 내 돈을 헛되게 쓴 집으로 기억했기 때문입니다.

한 번은 그런 적도 있습니다. 대낮에 친구와 만나 낮술을 하러 문을 일찍 연 족발집에 갔습니다. 그때가 2시쯤이었는데, 족발 小를 주문하자 주인이 난색을 표합니다. "둘이 드시기엔 小는 작아요."라고 하는 겁니다. 그래서 어이가 없어서 "아저씨(이럴 땐 사장님 소리가 나가지 않습니다) 그럼 小자는 혼자서 먹는 건가요? 세상천지에 小자를 둘이 먹기에 적다면 小를 팔지 말아야죠." 결국 더 이상 실랑이가 싫어서 주인 원하는 대로 中을 시켰지만, 이미 입맛이 떨어진 족발이라서 죄 남기고 나왔습니다.

중요한 것은 이제부터입니다. 그냥 남기고 돈 내고 나온 것으로 끝날까요? 그 주인은 저에게 족발 中자를 판 것으로 횡재를 한 걸까요? 아닙니다. 저는 절대 그렇지 않다고 생각합니다. 저는 다시는 그 식당에 가지 않을 테고, 심지어 그 식당에 대한 나쁜 의견을 가는 곳마다 전파할 겁니다. 제가 신뢰와 신용이 없는 사람이라면 몰라도, 그렇지 않은 제 말은 상당한 파괴력이 있을 수 있습니다. 누구 아빠가 아주 실망한 식당이라는 소문이 덧칠해져서 더 크게 부풀려 떠돌 것이 분명합니다. 그날 식당의 주인은 그깟 中자를 팔기 위해 큰 오류를 범한 겁니다. 한 번 온 손님을 잡아야 합니다. 한 번 온 손님이 만족해서 두 번 세 번 오게 하고, 더 나아가 다른 손님도 데리고 오게끔 하는 것이 장사라고 생각합니다. 그런데 우리 주변의 대부분 식당들은 처음 본 손님은 뜨내기로 규정합니다. 다시 안 볼 사이로 생각하고 벗겨 먹으려고 합니다. 대충 차려주고 남길 생각만 합니다. 소문은 상관없는 눈치입니다. 일본인에게 치킨 값으로 20만원 넘게 결제를 하고 뒤늦게 실수였다고 하는 수작은 사실 흔합니다. 술병을 한두 병 더 셈하는 일도 사실은 흔합니다. 단체일 때 공깃밥 몇 개 더 얹은 계산도 비일비재합니다. 도대체 왜 그런 장사를 하는지 이해할 수 없었습니다.

술자리에서 이런 소리를 이 소장에게 뱉었습니다. 그러자 빙그레 웃으면서 말합니다.

"철수 아빠는 제발 그러지 마."

제가 정색을 하면서

"에이 제가 그럴 리가요. 절대 그러지 않습니다."

그러자 또 빙그레 웃으면서 말합니다.

"그럼 다행이고, 뭐가 옳은지 그때 까먹지 말라구."

식당을 차리기 전에는 이 소장의 그 웃음이 상당히 기분 나빴습니다. 그런데 그 웃음의 의미를 식당을 하자마자 깨닫게 되었습니다. 나도 모르게 재료에 눈치 보는 것을 보고 흠칫 놀랐습니다. 손님이 인원수대로 주문하지 않으면 나도 모르게 인상이 써지는 것을 보고 아차 했습니다. 반찬 리필을 새 접시에 내주는 것이 싫어서 손님이 먹던 접시에 대충 담아주던 내 모습을 뒤늦게 보고는 허탈하게 웃어야 했습니다. 그제야 이 소장이 말한 것이 다시 생각났습니다.

"돌짜장은 두 가지 크기야. 中과 大야. 小자로 말하진 마. 먹는 사람도 기분 나쁘니까. 같은 값이면 둘이 中을 먹는다고 생각하는 게 낫지 小를 먹는다고 생각하게 하는 게 좋을까? 그래서 中이야. 손님이 와서 '둘인데 小는 없나요?' 그렇게 물으면 이렇게 대답하는 거야. '오늘은 두 분이 푸짐하게 드시고 다음에는 서너 명이 드셔 보세요. 인원수대로 주문 아니에요.' 여기서 중요한 것은 '인원수대로가 아니라'는 멘트야. 中은 둘, 大는 3~4인용이 아니라는 것을 정확히 고지해야 해. 그래야 中짜리가 돈 때문에 小를 팔지 않는 게 아니라는 것을 이해하게 될 테니 말이지. 손님 4명이 中을 시켜도 눈치 줄 거 없어. 먹다가 모자라면 더 시킬 거고, 다음에는 大를 시킬 테니 말이야. 만약 다음에도 와서 中을 시키면 원래 소식가 집안인가보다 생각하고 말라고. 철수 아빠가 초저녁에 감자탕집에 가서 2차를 염두에 둔 1차로 생각하고 小자 전골을 시키듯이, 손님이 여기서 돌짜장 적게 먹고 다른 곳에 가서 또 먹을 계획이 있는지 모르니까 눈치 줄 거 없고 서운할 것도 없다구."

돌짜장집 **이것만** 팔아요!!!

돌짜장 中	₩20,000
(맛보기로 드실거면 4인 가능)	
돌짜장 大	₩30,000
(허리 풀고 드실거면 2인 도전)	
짜장에 공기밥 비비실때	₩1,000
매운! **돼지갈비찜** 中	₩29,000
맵다! **돼지갈비찜** 大	₩39,000

'내가 손님이라면?'이라는 화두를 끊임없이 던지라고 이 소장은 말합니다. 그게 듣다 보면 굉장히 쉽습니다. 그런데 내가 식당에서 주인으로 있을 땐 그게 이상하게 생각나지도 실행되지도 않습니다. 그렇게 안 해도 될 거 같고, 그렇게 안 주어도 충분히 뭐라 안 할 거 같은 생각 때문입니다. 그런 제 눈치를 읽는 듯이 이 소장이 또 한마디 합니다.

"장사가 내 훈수처럼 뚝딱 다 되면 누가 망하겠어? 다들 장사의 신은 아니어도 달인은 될 텐데 말이야. 생각과 행동이 되려면 먼저 개념이 습관으로 박혀야 해. 그래서 그게 어려운 거야. 반대로 그걸 해내면 장사는 생각보다 수월한 거고."

식당, 생각을 깨야 이긴다

19

주인은 왜 주방에 없어야 하는가?

열심히 돌짜장을 배웠습니다. 배우면서 만일 '이게 짬뽕이라면 어땠을까?' 그런 생각이 듭니다. 짬뽕보다 나름 수월하다는 말은 굳이 짬뽕을 배우지 않았어도 알 거 같습니다. 그런데 이 소장은 배우기는 하되, 주방에 있을 생각은 꿈도 꾸지 말라고 합니다. 요새 인건비가 얼마나 무서운데 말입니다. 주인은 기꺼이 두 몫도 하지만 직원은 아무래도 남은 월급만큼만 일을 할 거 같은데 말입니다. 하지만 한편으로는 주방에서 일할 생각을 말라는 말에 마음이 먼저 편해지는 것도 사실이었습니다. 실은 음식은 만들어 본 적도 없고, 만드는 게 그다지 즐겁지도 않고, 그 공간에서 종일 일하는 것이 정말 감당키 어려운 것이 속으로는 걱정거리였기 때문입니다.

"음식을 배워보니까 어때? 힘들지? 덥고 칼 다루는 일이 버겁지? 솔직히 가스 불 키는 것도 어쩔 땐 겁나지 않아?"

머뭇거리는 제 표정을 보더니 싱긋 웃습니다.

"괜찮아. 생전 처음 하는 일인데 그게 쉽고 해 볼 만하다면 그게 더 이상할 테니 말이야. 그런데 그보다 더 중요한 이유가 있어. 그 점 때문에 주인은 주방에 들어가면 안 된다고 하는 거야. 남들이 인건비 따먹으라는 훈수를 하는데 그건 정말 가당찮은 말이야. 식당이 겨우 주방장 인건비 따먹자고 차리는 게 되어서 될까? 겨우 그 인건비 내가 따먹자고 식당을 차린다고? 그럴 거면 안 차리고 그냥 남의 주방에서 월급 받고 일하는 게 낫지 않나? 왜 내 돈을 들여 고생하며 차려서, 손님 오나 마음 졸이며 주방에서 썩냐고 썩기는."

굉장히 중요한 내용이지만, 실상은 굉장히 간단한 내용이므로 이 소장이 저에게 이해시킨 내용을 줄여서 옮기도록 하겠습니다.

1. 주인이 주방에 들어가면 주방이 얼마나 힘든지를 몸소 알게 된다.
2. 덥고 위험하고 좁은 곳에서 일하는 그 힘듦을 너무 잘 알기에 손님을 위한 청을 주방에 할 수가 없다. 손님에게 필요한 서비스를 주방에 요청하기 힘들어진다. 힘듦을 너무 잘 알기에 입이 떨어지지 않는다.
3. 결국 주인은 손님을 만족시켜서 매출을 올리고, 그래서 월급을 넉넉히 줘야 하는데 이건 반대로 주방에서 일하는 사람을 생각해서 손님에게 소홀할 수 있으니 잘못되어도 크게 잘못된 방향으로 가게 될 뿐이다.
4. 게다가 음식을 만들다 보면 자연스럽게 원가도 신경 쓰게 되고, 멀쩡히 남은 것은 재활용할 욕심도 자연스레 생긴다. 그게 한 번으로 끝나면 괜찮은데 그것이 반복되면 자꾸 아끼게 되고, 아낀 재료로 제대로인 음식이 나올 리 없고, 멀쩡한 것의 재활용이 습관이 되면 멀쩡하지 않은 것도 손을 봐서 재활용하는 꼼수를 부리지 말라는 법

식당, 생각을 깨야 이긴다

없다.

5. 주인이 주방에서 음식을 만들면 손님은 주인이 없는 식당에 오는 꼴이다. 내가 차린 식당에 나도 없는 공간에서 손님이 백 번을 와도 그 주인은 손님과의 접점이 없고 관계도 없다. 식당을 통한 손님과의 스킨십은 일절 꿈도 못 꾸는 상황이 되어 버린다. 내가 유명한 쉐프도 아닌데, 내가 급하게 배운 음식을 먹고 맛에 흠뻑 취할 리도 없는데 그저 인건비 따먹는다는 이유로 주방에 갇혀 있으면 1년이 지나도 주인인 나를 알아보는 손님은 단 한 명도 없을 것이다. 칼질만 늘었을 뿐이고, 그게 엄청나게 늘어봤자 1년짜리 칼질이다. 수십 년을 한 사람에게는 아무리 해도 따라갈 수 없다. 이것도 놓치고 저것도 놓치는 선택이 바로 주인의 주방행이다.

"주인은 당연히 음식을 만들 줄 알아야 해. 그러나 아는 것으로 그치는 거지, 그걸 써먹으라는 게 아니야. 급한 사정이 생길 때 대타로 뛰어들 정도로만 알면 되는 거야. 주방 직원도 주인이 알고 있다는 것과 주인이 전혀 몰라서 이 식당은 내가 쥐락펴락한다는 것은 천지 차이니까 말이지. 생각해 봐. 우등생은 열등생의 아픔을 모른다니까. 주인은 주방의 고단함을 몰라야 이것저것 귀찮게 주문할 수 있어. 손님을 위한 귀찮음을 식당이 감당할 때 손님이 느끼는 거야. 손님이 봐도 너무 빤하고 무성의하고 쉽게 주는 식당에 또 돈을 쓰러 가고 싶은지는 철수 아빠가 손님으로 생각하면 답이 나올 거야."

20
위기는 기회다

이제 오픈이 코앞으로 다가오니 가슴이 뛰고 잠도 안 옵니다. 왜 이걸 시작했는지 후회까지도 됩니다. 하지만 시간을 되돌릴 수 없고, 엎지른 물이 담아질 리도 없습니다. 돌파해야지요. 막히면 돌아가거나 기어이 뚫고 지나가면 될 테지요. 그렇게 매일 마음을 먹으면서도 사실은 걱정이 태산입니다. 특히 안 하던 일에 대한 두려움, 모르는 일에 대한 어려움이라서 더 그렇습니다. 그러자 천하태평이 소장은 또 아무렇지 않게 심드렁하게 말을 합니다.

"오히려 실수해도 좋아. 그게 기회야. 기회가 생기면 좋은 거야. 너무 잘하면 기회가 아예 없으니까."

이게 무슨 소리인지 기가 찼습니다. 어떻게 실수가 기회가 된다는 소리인지 물었습니다.

"실수하면 어때? 실수한다고 손님이 잡아먹을까? 실수했다고 그날로 식당이 망할까? 절대 그렇지 않아. 오히려 그때를 기회로 잡아 반전의 드라마

식당, 생각을 깨야 이긴다

를 쓰는 거야. 그럼 손님들에게는 추억이 되고, 식당에도 경험이 되는 거지. 사과도 잘못을 해야 할 수 있지, 다 잘하는데 사과할 일이 생기나? 열등생이 10등 하는 거랑 우등생이 1등 하는 거랑 어느 게 더 주목을 받을까?"

그러면서 일화 하나를 들려줍니다.

한겨울에 초보 식당 주인이 별생각 없이 보일러를 끄고 퇴근을 했다고 합니다. 결국 보일러가 얼어 다음 날 식당이 냉골이 되었습니다. 그 식당은 좌식이었는데 말이죠. 그래서 부랴부랴 이 소장과 식당 사장이 난로를 빌려오고, 신문지와 방석을 방바닥에 죄 깔았다고 합니다. 오픈 이벤트로 음식을 할인한다는 전단지를 돌린 터라 전날도 손님이 몰렸기 때문입니다. 발 빠른 대처로 시베리아 같은 날씨에서 쌀쌀한 늦가을 날씨 정도까지는 만들었다고 합니다. 하지만 역시나 손님들이 불편하게 먹는 모습이 눈에 밟힌 이 소장은 가진 돈을 다 털어서 카운터 돈통에 넣었다고 합니다.

"박 사장님. 내가 가진 돈 오늘 식사 값으로 이만큼 부담할 테니, 박 사장님도 손님을 위해 오늘은 무료로 드려보세요. 위기가 기회가 되는 순간이니까요."

다행히 눈치 빠른 점주가 곧바로 손님들 들으라고 공표를 했다더군요. 그러자 30평 15개의 테이블에서 덜덜 떨며 국밥을 먹던 손님들 얼굴에 웃음꽃이 피더랍니다. 보일러 덕에 공짜 점심을 먹게 되었다는 말까지 하면서 말이죠. 그 손님들 중 절반은 나갈 때 기어이 정상가격을 내고 갔다고 합니다. 그리고 그날 그 경험을 함께 나눈 손님들은 무언가를 공유한 은밀한 인연인 듯 상당수가 단골이 되었다고 합니다.

21

오픈 날 꼭 이벤트를 해야 할까?

"왜 요즘은 컨설팅한 식당의 오픈을 알리는 전단지를 만들어 뿌리지 않나요?"

"OK. 철수 아빠 말대로 전단지를 뿌려서 주변 사람들이 온다고 칠게. 그런데 오픈 때 준비가 완벽할 수 있을까? 만약 손님이 한꺼번에 몰리면 그건 어떻게 감당할 건데? 열 팀이 1~2분 간격으로 들어왔어. 그런데 마지막에 들어온 열 번째 팀이 한 시간 뒤에 음식을 먹는다면 그 기분이 어떨까? 난리가 나지 않을까? 그런 일이 생기면 오픈을 알리는 귀한 날이 되는 게 아니라 손님과 싸우고 기분 상하는 나쁜 날이 되지 않을까?"

그러고 보니 저 역시도 동네 식당 오픈했다는 소식(전단지, 현수막)을 듣고 구경삼아 혹은 팔아주기 위해 갔다가 한없이 기다리다 상한 기분만 안고 돌아온 기억이 떠올랐습니다. 제대로 된 음식은 고사하고, 제대로 된 서비스도 없어 뒤돌아서면서 쓸쓸했던 기억이 생각났습니다.

이 소장이 만든 식당은 메뉴가 한두 가지지만, 대부분의 식당은 메뉴가 여러 개입니다. 그래서 같이 간 지인들과 메뉴를 두세 개만 시켜도 그게 열 테이블이면 이삼십 개의 메뉴를 만들어야 합니다. 당연히 엉망이 될 거라는 것은 불 보듯 뻔합니다.

저처럼 메뉴가 적어도 마찬가지입니다. 돌짜장을 한 번에 만들 수 있는 불은 정해져 있습니다. 주방에 돌짜장을 만들 직원이 5명쯤 된다면, 그리고 주방에 화구가 그만큼 있다면 한꺼번에 열 개의 돌짜장을 만들 수 있을 겁니다. 하지만 돌짜장을 동시에 열 개 만들자고 인건비를 쓸 수는 없습니다. 하루 종일 열 팀이 끊이지 않고 들어오지 않는 이상은 매출보다 인건비 지출에 식당이 무너질 테니 말입니다. 또 동시에 열 개를 만들기 위해 주방을 키울 수도 없고 불판을 놓을 수도 없습니다. 열 팀 동시 입장은 사실 오픈 때 외에는 있을 수 없는 일일 테니 말이죠.

"내가 처음 고려당이란 회사에서 체인점 빵집을 오픈할 때는 개업 선물을 줬었어. 수건도 주고 머그잔도 주고 우산도 주고 그랬어. 그런데 그건 실내에서 먹는 음식이 아니라 사가는 음식이라 가능했던 선물이야. 일반 식당은 개업 때 선물을 주는 게 별 의미가 없어. 선물까지 줘가면서 손님에게 내 음식을 제발 먹어보라고 하는 게 필요하다고는 생각지 않아. 그러고 음식값 할인도 크게 바람직한 일은 아니라고 생각해. 손님이 할인에 길들여지면 정상가격은 못 미더운 가격이 될 뿐이기 때문이야. 그래서 오픈 때 호떡집에 불난 듯해야 한다는 것은 구시대의 유물과 같은 전술이 되는 거지. 그럼에도 아직도 오픈 때 모든 것을 다 거는 총력전을 쏟아야 한다는 사람들을 볼 때면 쓴웃음이 나지."

"형님. 그래도 오픈을 알리기는 해야 하지 않나요? 알리려면 뭔가를 뿌려야 하고, 오게 하려면 뭔가 이득을 줘야 하지 않을까요?"

"그러자구. 돈을 들여서 전단지 뿌리고 동네에 현수막 죄 걸고 하자구. 그 돈이 얼마면 될 거 같은지 알아? 아무리 적어도 돈 100만원이 넘어. 전단지를 만드는 데만 돈이 드는 줄 알지? 뿌리는 값이 만드는 값보다 비싸다는 걸 몰라서 하는 소리야. 현수막도 마찬가지야. 현수막이라는 것이 만들어 놓으면 지들이 알아서 어디 가서 붙어있나? 다 사람이 붙여야 하는 거고, 사람의 시간은 곧 돈이라구. 돈이 든다는 소리지. 그렇게 오픈을 알리는 데 쓰는 돈으로 음식을 더 잘 주면 어떨 거 같아? 다시 올지 안 올지도 모르는 손님에게 개업선물로 50만원, 100만원어치 준비하는 값으로 음식에 투자해서 더 잘 주면 어떨 거 같아?"

정리하면 다음과 같습니다.

오픈을 알리기 위한 전단지와 현수막 제작비, 그걸 붙이는 인건비와 개업선물이라고 준비하는 선물 값을 따지면 최소 기백만원입니다. 그 돈으로 우리 돌짜장을 찾는 손님들을 위한 상 밖의 상차림으로 준비합니다. 음식을 먹으러 온 손님에게 음식으로 갚는 겁니다. 소주나 음료수가 아니라 음식으로 갚는 겁니다. 그래서 준비한 보리강정과 부침개 서비스를 대신 쓰는 겁니다. 그럼 아깝지 않습니다. 읽지도 않고 버려질 전단지보다는 내 식당에 온 손님이 맘껏 먹고 난 후 상 밖의 상차림 서비스에 쓰는 것이 더 낫습니다. 만약 그런 서비스로 풀기 싫다면 주력인 음식을 더 주는 것도 좋습니다. 국수 면 0.5인분이면 원가로 200원쯤입니다. 애초에 쓰려던 200만원어치의 전단지와 선물 값을 국수 면 원가에 사용하면 1만 그릇을 쓸 수 있습니다. 손님 1만 명이 우리 집 짜장을 먹고는 "양이 아주 많아서 좋은데. 참 괜찮아." 소리를 하도록 만드는 무기가 됩니다. 또는 그 200만원으로 반찬을 더 맛나게 만드는 재료로 써도 좋고, 돌짜장 드신 후에 원두커피로 후식을 드시는 데 쓰도록 할 수도 있습니다. 허무하게 없어지고 사라질 오픈 전단지, 개업선물 값이 훨씬 더 값어치 있고 근사한 의미를 주는 용도로 써지는 겁니다.

"철수 아빠. 본인도 신문에 따라오는 전단지 안 보잖아. 본인도 거리에 걸린 현수막 보고 어디 뭐가 오픈했는지 신경 쓰지 않잖아. 어떤 식당에서 개업선물로 머그잔을 준다면 거기 찾아갔었어? 정말 그랬었어? 본인도 그런 것에 관심을 주지 않고 흔들리지도 않았으면서 굳이 그런 데 돈을 쓸 이유가 있는지 곰곰이 생각해 봐. 그리고 만일 그것 때문에 온다고 해도 골치야. 아무리 손발을 미리 맞춰도 손님이 한꺼번에 닥치면 엉망이 되는 것이 오픈 날 식당이야. 아무리 규모가 크고, 아무리 인력이 수십 명이어도 손님이 동시에 밀어닥치고, 동시에 주문이 들어가면 어쩔 수 없이 진짜로 불난 호떡집이 되어 버리는 것이 식당이라고. 그런 경험을 손님에게 주는 날로 만들고 싶은 거야? '우리 집 오픈했어요'가 아니라 '우리는 이렇게 준비가 소홀하고 엉성한 식당입니다'라고 광고하고픈 날이기를 바라는 거야?"

22
오픈 리허설과
깨진 유리창 법칙

오픈 리허설이라는 것을 했습니다. 주방에선 음식을 만들고, 서빙도 몇 번을 반복했습니다. 이렇게 몇 번씩 반복하다 보니 문제점들이 눈에 보였습니다. 그래서 오픈 리허설이 정말 중요한 일이구나를 알게 되었습니다.

사실 리허설은 짜고 치는 고스톱입니다. 저야 메뉴가 한 가지라서 이것저것 만들지 않으니까 복잡한 것은 없는데, 만일 메뉴가 여러 가지인 집이라면 어떨까 생각해 봤습니다. 일반적인 식당의 경우 메뉴가 보통 십여 가지 정도 된다면 "김치찌개 2개요" "비빔밥 3개요" "물냉면 1개에 비빔냉면 1개요" 이걸로 끝날까요? "삼겹살 2인분 주세요"라고도 할 겁니다. 메뉴판에 있으니까요. 점심 바빠 죽겠는데 그때 꼭 삼겹살을 기어이 먹겠다는 손님도 분명 있을 겁니다. 그렇다고 십여 가지에서 오픈 날이라고 되는 거 5가지, 안 되는 거 5가지로 구분해 팔 수도 없고, 주문이 동시에 밀릴 때 이걸 어떻게 처리할 수 있을까 곰곰이 생각해

보니 도대체 메뉴가 많은 식당들은 리허설이 무슨 의미가 있을까 하는 괜한 걱정도 들었습니다.

저는 오직 돌짜장 하나 그리고 곁들임으로 먹거나 혹은 포장용으로 팔렸으면 하는 마음으로 준비한 매운갈비찜 해서 딱 두 가지입니다. 더는 없습니다. 그런데 지인들을 불러서 리허설을 해보니 "돌짜장 3개에 갈비찜 2개" 하는데 정신이 하나도 없었습니다. 겨우 5개(메뉴 2가지뿐인데도) 하는데도 난리법석이었습니다. 그런데 손님이 비슷한 시간에 10팀이 들어온다고 생각하니 머리가 아득해졌습니다. 도저히 해낼 자신이 없었습니다.

오픈 날은 호떡집에 불난 날이 되는 게 왜 독인지를 그제서야 몸소 느낄 수 있었습니다. 제가 가봤던 오픈 식당들이 그래서 우왕좌왕이었고, 주문한 음식이 안 나오기도 하고, 하염없이 한 시간을 넘게 기다리다 화를 내며 일어선 기억도 떠올랐습니다. 오픈을 축하하기 위한 첫날이 되어야 하는데, 전단지 잔뜩 뿌려 사람을 오게끔 하고선 식당의 못난 치부를 그대로 보여주는 짓에 혀를 찼던 기억이 떠올랐습니다.

'한소반'이라는 식당에서는 오픈 리허설을 일주일쯤 한다고 합니다. 리허설 때에는 대형 매장의 그 많은 테이블에 진짜로 음식을 만들어 꽉 채워본다고 합니다. 그걸 하루도 아니고 3~4일, 길게는 1주일도 한다고 들었습니다. 정말 존경스러운 식당입니다. 하지만 대부분의 식당은 리허설로 버려지는 음식이 아까워 지인 몇 팀 불러 잔치 아닌 잔치를 하고, 그 정도의 실습을 마치고 하는 소리가 '현실에서는 실전이 최고의 연습이다'라는 말로 때우는 것이 실상입니다. 나는 그러지 말아야지 하고 리허설을 했지만, 리허설은 짜고 치는 고스톱이기에 특별한 노하우는 쌓을 수 없다는 것도 인정해야 했습니다. 한소반처럼 하지 않는 이상 큰 의미가 없다는 거죠. 그렇다고 안 할 수도 없는 일이고, 하자니 버려지는 음식이 아깝고 그랬습니다. 이래서 식당은 겉보기와 다르다고 하는가 봅니다. 그래서 이 소장이 늘 말하는 '깨진 유리창' 이야기를 흘려버릴 수 없었습니다.

"간밤에 어떤 놈이 식당 유리창을 깨고 갔어. 아침에 와보니 문이 깨져 있더라구. 그럼 어떡할 거야?"

1. 유리를 끼워야 합니다. 깨진 유리창으로 손님을 받을 수는 없습니다.
2. 그 유리 값은 내가 써야 합니다. 내 돈으로 고쳐야 합니다. 누가 깬 건지 알 수 없으니까요.
3. 그렇게 어쩔 수 없이 생각지도 않던 지출을 해야만 합니다.

"그러니까 무언가 돈을 써야 하는데 아깝다는 생각이 들면 그때 깨진 유리창을 생각해. 누가 깼는지는 모르겠고 장사는 해야 하고, 그러니까 없는 돈을 빌려서라도 유리를 끼워야 하는 그 상황을 생각하는 거야. 그럼 지금 주저하는 그 돈을 못 쓸 이유가 없어. 급한 일이라고 생각하면 당장 써서 처리해야 하는 것이 맞다는 건 어린애도 알 테니까 말이지."

리허설을 하는 게 아깝다는 생각을 하지 말았으면 합니다. 음식을 버리는 것이 아니라 실력을 채우는 일입니다. 몇 번이고 해봐야 하고, 동시에 만들어 봐야 합니다. 시간 차를 두고 차분히 만드는 일은 리허설이 아닙니다. 제가 해보니까 알겠더라구요. 동시에 5개 만들었을 뿐인데 혼이 빠진 제 모습을 그때 보고 느낀 경험이 저에게는 아주 중요한 약이었습니다.

식당, 생각을 깨야 이긴다

23

누가 진짜
단골일까?

지금껏 손님으로만 살아온 저는 단골집이 많습니다. 그래서 제가 차리는 식당에도 단골을 많이 만들 자신이 있었습니다. 그런데 어느 날 이 소장이 저에게 이런 질문을 던지더군요.

"철수 아빠는 단골로 가는 식당이 많다고 그랬지?"

"네. 회사에도 많고, 동네에도 많아요."

"그럼, 그 단골집에 철수 아빠가 기여하는 점수는 몇 점이나 될까?"

"몇 점이라뇨? 그걸 제가 매길 수 있나요. 식당에서 매겨주면 몰라도."

"그럼 다시 물을게. 단골 식당에 한 달에 몇 번이나 가? 갈 때 평균 얼마나 지불하지?"

"글쎄요. 정확지는 않지만 여러 곳을 돌아가면서 가니까, 한 달에 한 번 이상이면 단골이지 않을까요? 동네 술집이야 2주에 한 번쯤이니까 다른 곳도 잘해야 달에 한두 번이겠네요. 그리고 늘 가던 사람하고만 가니까 쓰는 돈은 그렇게 많지는 않을 거예요."

"그럼 새로운 사람과는 어디를 가고, 귀한 사람과는 어디를 가지?"

"그거야 그때그때 다르죠. 어떤 인연인가에 따라 다르고, 어떤 귀함인가에 따라 다르게 찾아가서 돈을 쓰는 거죠."

"그럼 결과적으로 늘 가는 단골집에는 크게 많이 쓰지는 않는다는 거네?"

"음. 그게 결국 그렇게 되네요. 맞아요. 늘 가던 집이라 오히려 적게 쓰는 편인 거 같아요."

"이제 철수 아빠가 식당 주인 입장이 되어 봐. 그렇게 달에 한두 번 늘 오던 사람과 그렇게 찾아와 크게 많이 쓰지도 않는 단골에게 어떻게 해주면 될 거 같은지 한 번 생각해 보자구. 특별히 서비스 많이 해줄 수 있을까? 단골이라고 뭐 하나라도 더 주는 게 쉬울까?"

이 소장의 이야기를 결론적으로 풀면 단골이 많으면 피곤해질 뿐 매출은 크게 오르지 않는다는 말이었습니다. 단골이라고 와서는 혼자 혹은 둘이 테이블 차지하고 세월아 네월아 회전율 끊어먹고, 단골이라는 이유로 2인분 같은 1인분, 大자 같은 小자나 달라고 하고, 단골이라고 누구 새로운 손님 끌고 오는 것도 아니고 늘 같은 무리들하고만 찾아오니 식당의 매출에는 별로 도움이 되지 않는다는 말을 했습니다. 그러면서 선을 그어줍니다.

"식당이 자리를 잡는 초기에는 자리를 채워주기만 해도 고맙고 힘이 되고 감사한 단골이라는 건 맞아. 그런데 그 단골이 오래되면 여유가 되듯이 진상이 될 확률이 매우 높아져. 마치 파리 날리던 가게를 자기들이 일으켜 지금의 식당이 되게끔 만들었다고 착각을 하는 거지. 틀린 말은 아니지만 솔직히 동네 단골 몇 명 때문에 식당이 살고 죽는 게 아닌데도 식당을 모르니까 자신이 키운 식당이라고 오해하고 과도한 요구를 하는 게 바로 동네 단골인 거야. 그래서 미안한 이야기지만, 초기 단골은 가게가 성장하면서 버리는 것도 방법이야. 나쁘게 생각하지 마. 단골들이 초기처럼 순수하게만 단골 대접을 바라면 괜찮은데, 과해지는 게 문제라는 거지. 국밥 1년 동안 팔아줘 봤자 수십 그릇 정도야. 돌짜장을 1년에 많이 먹어본들 30번이나 되겠어? 턱도 없지. 그런데 마치 이 가게를 자신들이 키운 것처럼 식당과 주인에게 감 놔라 배 놔라 훈수하는 꼴이 생긴다면 어떡할 거 같아?"

"그럼, 어떻게 해야 하죠?"

"모두가 단골인 거야. 누군 단골, 누군 뜨내기가 아닌 거야. 이걸 구분하니까 문제가 생기는 거야. 오픈 때 동네 사람들이 자주 오면 고맙지. 암 당연히 고맙고 눈물 나지. 그런데 그렇다고 절절매지 말라는 거야. 그리고 그런 몇 명에게 잘하려고 하지 말고, 모두에게 잘하려고 해야 해. 동네 사람이라서 특별히 잘하고, 지나는 사람들은 언제 볼지 모르니까 대충하고의 생각을 버려야 하는데, 사람들은 그걸 간과하는 거야. 생각해 봐. 친구가 식당에 왔다면 친구에게 국밥 한 그릇 내줄 때 고기 한두 점 더 올려야 마음이 편하지? 그걸 친구가 왔을 때만 그러는 게 아니라 원래부터 모두에게 그런 마음으로 내주면 되는 거야. 부모님이 오셨다고 생각하고 찬 하나도 예쁘고 맛있게 내는 거지. 은사님 오셨다는 마음으로 4인분 같은 3인분 내주는 게 뭐 그리 어렵냐. 언제 볼지 모르는 뜨내기라 생각하고 3인분을 4인분이라고 우기면서 파는 그 자체가 문제인 거지. 내 아내가 먹는 음식이라고 생각하고 콩나물보다는 아구를 더 많이 넣어서 찜을 만들고, 내 아이가 먹을 음식이라고 생각하고 좋은 쌀로 밥을 지어야 하는 거야. 단골이 오면 새 김치 꺼

내주고, 뜨내기 오면 재활용 김치 내주는 그런 작태를 벗어야 하는데 그게 참 어려운가 봐. 실제 장사를 하면 그 구분을 하는 게 함수보다 더 어려운가 봐. 결국 그런 스스로가 만든 잣대질에 매출은 내일이 없어지고, 연명하는 장사로 겨우 숨만 쉬는데도 말이지."

　　그렇네요. 내 부모가 오셔서 드시는 음식이라고 생각한다면 양을 속일 수도 없고, 나쁜 쌀로 밥을 할 수도 없습니다. 재활용 반찬을 써서는 더더욱 안 될 테고, 나쁜 재료로 원가를 충당하는 꼼수 짓도 벌일 수가 없을 겁니다. 제 기억을 더듬어보니, 분식집에서는 김치찌개를 잘 먹지 않았습니다. 재활용 김치가 들어갈지 모른다는 염려 때문이었습니다. 중국집에서 볶음밥도 묵은 밥이 아닐까 걱정되어 주문을 망설인 적이 많았습니다. 제가 그렇게 의심한 까닭은 식당에 대한 불신이었습니다. 단골이 아닌 집에서는 그런 꼴을 당할 수 있을지도 모른다는 우려 때문이었습니다. 그렇다고 매번 단골 식당만 갈 수도 없는 일이니 제가 알아서 조심하고 주의했던 기억이 떠올랐습니다.
　　역시 이 소장의 지적은 정확했습니다. 모두를 단골 대하듯 한다면 의심을 할 이유가 없습니다. 식당도 쭈뼛할 이유가 없습니다. 어깨 펴고 당당하게 음식을 내줄 수 있습니다. 그래야겠습니다. 좋은 쌀을 쓰고, 손님 테이블에 나간 것은 손님 거니까 손대지 않았어도 신경 쓰지 않고 미련 없이 버리겠습니다. 양을 조금이라도 더 드리고, 1인분 덜 시키라고 먼저 말 걸겠습니다. 그래야 제가 살아남을 테니까요. 그래야 제가 45년 만에 처음 도전하는 식당에서 실패자가 되지 않을 테니까요.

24

단체손님에 대한 오해

저는 단체를 위한 테이블 배치를 원했습니다. 다소 모양이 식상하더라도 단체가 이용할 수 있는 공간을 가져야 한다고 생각했습니다. 그래서 테이블 배치를 할 때 본의 아니게 이 소장과 실랑이를 해야 했습니다.

"최소 한 곳은 20명 정도의 단체석 활용이 가능하게 했으면 해요. 5개 나란히 놓게 해주세요."

"5개의 단체 테이블을 만들려면 공간 배치에 재미를 줄 수도 없고 오히려 죽는 공간이 나올 수도 있어. 먼저 죽는 테이블(앉기를 꺼리는 테이블)이 없게끔 배치를 해보고, 5개를 나란히 놓을 수 있는지 나중에 따져보자구."

하지만 이 소장 말대로 하니 단체석을 놓을 공간이 없었습니다. 그래서 제 의견을 무시하는 배치에 다소 화도 났습니다.

"형님. 그냥 제 뜻대로 해주면 안 되나요? 그 결정도 제가 할 수 없는 건가요?"

"그래? 기어이 내 경험에 반대되는 일을 하겠다 그거지? 그럼 다른 것도 마음대로 해. 내 경험 따위는 무시하고, 본인 하고 싶은 대로 하라구. 나도 더 이상 신경 쓰지 않을 테니까."

저만큼이나 이 소장도 화를 내는 걸 보고 아차 싶었습니다. 무언가 그러는 이유가 상당히 있다는 것을 뒤늦게 눈치챌 수 있었습니다. 모든 걸 믿고 따르자고 마음먹은 제 마음이 오픈을 앞두고 조금씩 무너지는 것도 이때의 설전을 통해 느낄 수 있었습니다.

"사람들은 자신을 보호하려고 해. 그게 식사시간이어도 마찬가지지. 유리창가나 벽처럼 기댈 곳이 있는 것과 중앙에서 사방을 다 방어하는 일은 큰 차이가 있는 거야. 한쪽이 확실히 방어막이 되면 아무래도 심리적으로 편하거든. 그래서 모든 사람들이 뭔가를 기댈 자리부터 차지하는 거지. 지하철을 타도 마찬가지야. 가장자리부터 앉잖아. 그리고 중간에 봉이 있는 곳이 그다음이고, 아무것도 없는 중앙 자리는 가장 늦게 사람들이 앉는다는 걸 봤을 거야. 실제 누구라도 그랬을 거구. 그것 역시 한쪽을 방어하려는 입지적 안전성을 본능적으로 느끼니까 그런 거라구. 그래서 식당은 파티션을 잘 활용해야 해. 이동하는 파티션은 기댈 수 없어. 보호받을 수 없어. 그래서 고정식 파티션을 세워야 하는 거야. 절대 움직이지 않는 가벽이라는 판단이 들어야 그 자리에 앉게 되는 거지. 가벽은 투광이 되어도 상관없어. 벽이라고 막아서 안 보이게 만드는 것이 아니라 옆에서 빤히 보여도, 가느다란 목재 기둥이어도 상관없어. 막대기 하나라도 있고 없고의 차이가 큰 법이라구. 그래서 5개를 나란히 놓는 배치는 아무도 앉기를 꺼리는 결과를 가져오는 거야."

　　　　　　　　　　　　　　　식당, 생각을 깨야 이긴다

5개의 테이블을 나란히 붙일 수 있으려면 아무런 기둥이나 가벽을 만들어서는 안 될 겁니다. 그렇다면 단체가 아닐 때는 5개의 양쪽은 누구나 앉겠지만 가운데 낀 3개의 테이블은 가급적 앉기를 피하는 자리가 되어 테이블 활용이 되지 않는 죽은 자리가 된다는 설명까지 들으니 이해가 갔습니다.

"생각해 보자구. 단체가 얼마나 올 거 같아? 아니 물어보자구. 철수 아빠가 20명쯤의 단체끼리 식당을 1년에 몇 번이나 가는지 물어볼게. 1년에 몇 번이나 가지?"

"글쎄요. 한두 번쯤 되려나. 회사에 다닐 때도 20명씩 우르르 몰려다니는 일은 연말연시에나 그랬지 싶어요. 물론 그것도 회사 근처에 있는 식당일 경우죠. 멀리 그렇게 몰려다닐 일은 없었네요."

"이 동네에 20명쯤 되는 단체가 얼마나 올까? 등산객? 좋아, 온다고 쳐. 등산 갈 만한 곳이 가까운 데 있다고 쳐서 그렇게 온다고 가정할게. 그 20명이 5개 테이블을 죽 차지하고 있다고 생각해 봐. 어떨 거 같아?"

"시끄럽겠죠. 아무래도 단체는 떠들썩하니까요."

"음식을 동시에 조리해야 해. 돌짜장 5개를 한 번에 다 만들어 내야 해. 그게 가능할까? 혼자서 5개의 돌짜장을 만들 수 있어? 아니, 좋아. 그것도 가능하다고 칠게. 현실적으로 불가능하지만 그것도 가능하다고 칠게. 단체 20명이 먹을 때 다른 손님들의 불편함은 어떨 거 같아?"

"시끄러워서 저라도 불편할 거예요. 왁자지껄이 당사자들이나 좋지, 남들까지 좋은 건 아닐 테니까요."

"20명 단체가 자주 올 확률이 높을까, 3~4명 손님이 들어올 확률이 높을까?"

"당연히 3~4명 손님이죠."

"그럼 확률도 낮은 단체를 위해 테이블 3개를 죽이는 것까지 감수하면서 단체석을 확보하는 것이 옳을까? 단체가 와서 이것저것 꺼내놓고 먹기도 할 거고, 목소리 누가 큰지 떠드는 식당 안 풍경도 어수선할 텐데 단체를 위한 공간에 집착하는 것이 옳은 거 같냐구."

바쁜 식당일수록 단체 예약을 받지 않는다는 말도 들었습니다. 심지어 단체가 아니라 테이블 1~2개 예약도 받지 않는다고 했습니다. 앞뒤로 빠지는 30분이면 테이블을 한 번 더 회전할 수 있다는 것을 아는 식당들은 절대 예약을 받지 않는다는 말도 해주었습니다. 단체를 거절하는 방법은 간단합니다. "그 인원이 같이 드실 공간이 저희는 없어요." 자연스러운 거절이라고 했습니다. 경험해 보면 있던 단체석도 쪼개어 못 앉게 하는데, 단체 처리도 못할 초보가 단체 욕심이나 낸다고 지청구를 해대도 할 말이 없었습니다.

"단체는 모르는 사람끼리 앉기 어색할 작은 방이 있을 때나 하는 거야. 그리고 동네 사람이 단골의 타깃일 때 원한을 사지 않기 위해 하나쯤 만들어 두는 건 예외야. 그 외에 단체석은 있어서도 있을 이유도 없어."

25

공짜 혹은 서비스의 차이

공짜로 줘서 의미 있을 때도 있었답니다. 찌개에 라면사리 무한공짜로 주었더니 그것이 톡톡히 먹히더랍니다. 그래 봤자 사리 두어 개 먹는데, 그걸 값으로 치면 500원쯤 되니 미리 찌개에 사리 값을 포함해서 받고 사리는 공짜라고 했더니 손님들이 좋아라 했답니다. 하지만 모든 집에서 그런 공짜가 먹히는 것은 아니라고 합니다. 그래서 그 이유를 물었습니다.

"부대찌개 먹을 때 사리는 필수야. 거의 먹는다고, 그걸 넣어야 찌개가 더 맛있으니까. 그런데 된장찌개라면 다르겠지? 공깃밥도 마찬가지야. 라면 먹을 때 공깃밥은 간절한데, 짬뽕 먹을 때 공깃밥까지 먹을 생각은 아무래도 덜 하잖아? 그래서 공짜가 가치 있을 때가 있고, 공짜로 줘도 손님이 반응하지 않는 경우도 생기는 거라구."

그래서 다른 질문도 해봤습니다.

"형님, 그럼 메뉴판에 있는 걸 서비스로 주는 것과 없는 걸 주는 것

중에서 어느 게 나을까요?"

그러자 곧바로 질문이 꺾여 들어옵니다.

"철수 아빠는 어느 때가 좋았어?"

"저요? 음 그러니까 음 글쎄요. 제가 손님으로 겪어보고서도 잘 모르겠네요. 하하."

조금 중요한 포인트라서 이 소장의 대답을 정리하면 다음과 같습니다.

1. 메뉴판에 있는 걸 서비스로 주면 남는 걸 주는 거로 오해한다.
2. 팔리지 않아서 버리느니 서비스로 생색내는 거라고 생각하기 쉽다.
3. 어차피 잘 나가지 않는 음식이니까, 어쩔 수 없이 만들어 뒀던 거 나에게 온 거라고 생각하기 쉽다.
4. 그래서 주고도 상대방이 달가워하지 않는 일이 되어 버린다.
5. 대부분 그런 경우 서비스로 준 음식은 반드시 남는다.
6. 그래서 서비스로 줄 거라면 메뉴판에 있어도 없애는 것이 낫다.
7. 그래야 서비스 음식을 일부러 만들어 줬다고 생각한다.
8. 단골이라서 나만 특별히 만들어 준 거라고 생각한다.
9. 애써 내가 좋아하는 걸 알고 만들어 준 거라고 고마워한다.
10. 서비스 음식의 재료가 비싸고 싸고는 상관없다. 저렴한 재료여도 나를 위한 서비스 음식, 나만을 위한 서비스 음식으로 받아들이면 되기 때문에 고급 재료가 아니어도 된다.

그러자 머릿속에서 과거의 추억이 콕 짚어집니다. 제가 재수를 할 때 한양대 앞 학사주점에 자주 갔습니다. 그때 주인 할머니가 저를 유독 예뻐하셨는데, 그 학사주점에서 팔지 않던 라면이나 비빔밥을 저에게

식당, 생각을 깨야 이긴다

만 해주셨을 때 제가 확실히 다른 대접을 받는 손님이라고 느꼈습니다. 그래서 더 자주 갔고, 더 많은 손님을 데리고 가곤 했습니다. 그 덕에 재수가 삼수까지 이어졌지만 말이죠.

또 한양대 길거리 앞에 작은 호프집이 있었습니다. 그 집도 잘 다니던 단골집이었는데, 그 집 서비스는 손님이 남기고 간 깨끗한 안주들이었습니다. 그래서 고맙기는 해도 그 안주를 다 먹었던 기억은 없습니다. 주니까 고맙기는 한데, 왠지 천덕꾸러기 취급을 받는 느낌이 그 어린 나이에도 들었던 기억이 있습니다.

"반찬도 마찬가지야. 다른 테이블에 나가지 않는 반찬을 슬쩍 주면 그 얼마 안 되는 값으로 손님의 마음을 사로잡을 수 있다구. 계란말이를 줄 때 추가로 후라이를 해서 준다던지 조미김을 내줄 때 직접 구운 김을 추가로 내주면 엄청 좋아해. 대신 옆에서 눈치채지 못하게 해야지. 알면 옆에서 서운할 테니까. 하지만 고깃집처럼 고기 추가에 없던 반찬을 내주는 것은 알게 해도 좋아. 그래야 자기들도 그게 먹고 싶어서 고기를 추가할 테니까."

정당하게 주고받는 장사를 하고 싶습니다. 더 주지 않아도 가치를 느끼도록 하고 싶습니다. 대신 자주 오는 사람, 많이 먹는 사람에게는 고마움을 식당도 표현해야 한다고 생각합니다. 아무리 호프를 많이 마셔도, 쥐포 하나 서비스로 더 내주지 않고 모른 체하는 얄미운 집은 더 이상 가지 않습니다. 그날로 끝입니다. 하고 많은 술집 중에서 우연을 가장한 인연이 되려고 찾아갔는데 그걸 잡아채지 못하는 술집이라면 더 이상 내 돈을 내면서 '단골하게 해주세요'라고 매달릴 일이 없으니까요. 제가 손님일 때 제 지갑의 결정은 바로 저니까요.

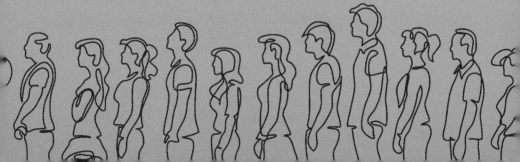

Part 2

식당이 망하는
12가지 이유

치킨을 주문하면서 '떡 사리 1,500원'을 추가하니 포장이 넘치도록 왔습니다. 떡 사리 추가를 하지 않았을 때와는 엄청난 차이가 날 정도로 양이 늘었습니다. 이 치킨집은 사리 추가에 원가를 포기하고 손님을 위해 내주었습니다. 물론 그렇다고 떡 1,500원어치를 다 넣지는 않았을 겁니다. 떡 한 주먹에 200~300원쯤이라고 들었습니다. 아니 그보다 더 많이 든다고 가정하고, 여기서는 700원쯤 들었다고 치겠습니다.

　　치킨 한 마리에 18,000원입니다. 여기에 원가 700원의 떡 사리를 그냥 추가해 줬습니다. 그래서 다른 배달 집보다 흡족하고 배부르게(당연히 떡이 있으니) 손님이 먹게 했습니다. 떡 사리를 추가한 것도 아닌데, 떡을 많이 넣어준 그 배달 집을 손님은 싫어할까요? 치킨보다 떡이 더 많다고 싫어할까요?

　　홍보 책자 5곳에 광고할 돈에서 한 곳만 줄이면 30~40만원이 절약

됩니다. 닭 한 마리에 떡 700원씩 더 쓴다고 치면 100마리에 7만원입니다. 그럼 최소 500마리쯤은 홍보 책자 하나 값에서 뺄 수 있습니다. 광고 한 곳을 덜한 돈으로 500개의 치킨 배달에 500번의 좋은 인상을 심어주는 겁니다.

특징도 없고 푸짐함도 없이 그저 맛으로만 단골로 만드는 수고와 이렇게 떡 700원어치로 단골을 만드는 당연함을 확인했다면, 다음 배달에 어느 걸 선택해야 할지는 뻔할 겁니다. 이처럼 우리는 너무 쉽게 옳은 것을 판단할 수 있으면서도 늘 잊고 있습니다.

장사가 쉬워지려면 '원가를 줄여서 얼마가 남는가'보다 '얼마를 빼서 무언가를 더 줄 수 있는가'가 더 빠릅니다. 이게 바로 맛창식 장사 개념입니다. 어렵지 않습니다.

준비는 없다. 돈 있으면 시작?

 당신은 식당을 창업하면서 무슨 준비를 했는지 물어보고 싶다.

1. 식당에 가서 일을 해본 적이 있는가?

2. 얼마나, 며칠이나 해봤는가?

3. 하고자 하는 메뉴를 취급하는 식당을 몇 곳이나 가봤는가?

4. 얼마나 먹어보고 비교해 봤는가?

5. 토할 때까지 먹어보면서 진짜 그 음식에 대해 고민해 봤는가?

6. 창업 책을 몇 권이나 읽었는가?

7. 밑줄 치고, 읽고 또 읽어가면서 얼마큼 봤는가?

8. 망한 식당이 왜 망했는지 이해하려고 고민해 봤는가?

9. '그 식당은 이래서 망한 거야'라는 결론에 도달한 적이 있는가?

10. 줄 세우는 식당의 비결이 뭔지 고민해 봤는가?

11. 진짜 이런 이유로 '줄 세우는 식당이다'는 결론에 도달해 봤는가?

12. 그 결론(망한, 줄 세우는)에서 얻어낸 결과물은 무엇인가?

13. 창업을 싸게 하려면 무엇부터 줄여야 하는지 아는가?

14. 시공을 싸게 하려면 도면 값부터 써야 한다는 것을 알고 있는가?

15. 시장에 가서 거래처를 찾을 때 무엇을 물어봐야 하는지 아는가?

16. 파트너를 결정할 때 어떤 견적서가 옳은지 이해하고 있는가?

17. 유행과 유망 메뉴 중에서 어느 것을 선택해야 하는가?

18. 베스트와 스테디 중에서 어느 것을 선택해야 옳은가?

19. 고비가 생기면 넘어설 자본은 준비하고 있는가?

20. 고비가 풀리지 않을 때, 생각한 복안은 있는가?

21. 음식을 맛있게 만들 루트는 확보하고 있는가?

22. 음식을 맛있게 만들기 위해선 돈을 들여야 한다는 것에 동의하는가?

23. 제대로 된 음식 선생을 찾기 위한 방법을 알고 있는가?

24. 손님을 만족시키기 위해 마케팅이나 이벤트를 몇 개라도 준비하고 있는가?

25. 손님이 오지 않을 때 포커페이스를 할 각오는 있는가?

26. 손님이 너무 많이 와서 힘들 때 포커페이스를 할 자신은 있는가?

27. 만세를 부를 타이밍이 되었을 때 포기할 수 있는가?

28. 만세를 부르기 전에 마지막 베팅으로 생각한 카드가 있는가?

29. 창업 컨설턴트나 창업 멘토를 가져야 한다는 것에 동의하는가?

30. 좋은 창업 컨설턴트나 창업 멘토를 알고 있는가?

당신은 이러한 내용에 대해 얼마나 생각해 봤는가? 아마도 많지 않을 것이다. 그만큼 대한민국은 식당 창업에 있어 그저 가진 돈과 알고 있는 정보만으로 너무 쉽게 다가서고 있다. 음식 하나를 배우는 데 수개월이 걸려야 하는 건 아니다. 그걸 바라지도 않는다. 하지만 최소한 내가 하고자 하는 음식을 파는 식당 수십 곳은 가봐야 하는데 그걸 도통 하지 않는다. 남이 파는 음식을 먹어보지 않고, 그저 예전에 손님으로 갔던 기억을 떠올려 근처 제대로 된 경쟁자도 아닌 그저 무늬만 경쟁자인 옆집만큼만 만들어 접객을 잘하면 된다고 생각한다. 심지어 음식은 좋은 주방 이모를 만나면 되고, 홀은 잘 생긴 직원을 만나면 된다고 생각한다.

물론 이보다는 신중하고 이보다는 깊은 계획을 가지고 창업을 할 거다. 정말 아무 생각 없이 무작정 차리는 사람은 설마 없을 거다. 가게 하나를 보더라도 수개월이고, 메뉴 선정에도 역시나 태산 같은 걱정에서 시작할 것이다. 하지만 문제는 걱정과 염려에 맞는 철저한 준비가 심각하게 수반되지 않는다는 점이다.

자기와 비슷한 수준의 생각을 지혜라고 얻어서는 나아질 것이 없다. 그래서 경험자의 의견을 찾는 자세가 필요한데, 선배의 경험보다는 무기도 없는 이등병들끼리 정보를 모으고 방향을 잡는 수준으로 전장에서 이길 모색을 하니 답은 하염없을 뿐이다.

하다못해 책 수십 권은 봐야 한다. 책으로라도 창업을 경험해야 한다. 그건 참 쉽고 간편한 준비다. 클릭 한 번으로 책을 주문하고, 속옷 바람으로 집에서 편하게 책을 읽는 깃만으로 사실 상당한 깨우침을 얻는 준비의 시간이 충분히 되기 때문이다. 책값 50만원이면 어쩌면 창업을 하지 않는 것이 최상의 선택이라는 결론에 도달할 수도 있을 것이다. 그런데 그 쉬운 준비도 하지 않는다. 창업 책은 그래서 팔리지 않는다. 수십만 명이 식당을 하

식당, 생각을 깨야 이긴다

느데, '식당 창업' 책은 5,000권도 쉽게 팔리지 않는다. 권리금에 수천, 인테리어에 수천을 써야 하는 창업을 하면서 책 50만원어치도 사보지 않는다. 그렇게 책으로 경험을 얻는 땅 짚고 헤엄치는 쉬운 준비도 없이 장사라는 아주 시뻘건 레드오션에 무작정 뛰어든다. 뭐가 좀 된다고 소문나면 거기에 우르르 몰리고, 뭐가 좀 터졌다고 들리면 그걸 하지 않으면 큰일이라도 나는 것처럼 덤벼든다. 내가 본 것은 남도 봤고, 내가 아는 정보는 남도 아는데 말이다.

볼 만한 창업 책이 없다고 말하는데 틀린 소리다. 책은 많다. 어느 것이 옳고 그르고를 굳이 따질 이유도 없다. 보면서 걸러내면 된다. 좋은 책만 선별해서 읽을 이유도 없고, 어느 책이 좋은 책인지 누가 알려주지도 않는다. '많이 팔린 책을 사라' '표지가 좋은 책을 사라' '저자의 프로필이 마음에 드는 책을 사라' '제목이 좋은 책을 사라' 이런 식으로 책 수십 권을 사서 읽으면 된다. 절대 도서관에서 빌리지 마라. 빌린 책은 시간에 쫓겨 부담이 된다. 게다가 빌린 책은 반납을 해야 하니 여러 번 읽을 수도 없다. 그래서 직접 구입하는 게 좋다. 엉터리 책에서도 배울 게 있다. 느낄 게 있다. 하필 그런 엉터리 책만 골랐다고 쳐도 겨우 50만원의 지출이다. 그 돈이 아까워 책을 읽지 못하진 않을 거다. 읽을 시간이 없지도 않을 거다. 이처럼 쉬운 '식당 창업' 준비도 머리에 담지 않아 행동하지 못한 것일 뿐이다.

음식 뭐 그까짓 거!

나는 라면도 제대로 끓이지 못한다. 자취생활 3년, 주말부부 7년을 했는데도 할 줄 아는 음식이 하나도 없다. 그런데 식당 컨설팅을 하며, 음식을 먹어보고 지적을 하고 있다. 그것도 과감하게 지적을 한다. 음식에 대한 대안은 내놓지도 못하면서 지적만 한다. 그런데 이게 통한다. 음식을 이해한다면 넘어가도 될 것이, 음식을 모르니까 넘어가지 못한다. 음식을 할 줄 안다면 내 아는 만큼이 전부일 텐데, 음식을 전혀 모르니까 내 얕팍한 지식으로 더 나쁜 상황을 만들지 않는다. 변명과 핑계, 논리라곤 하나도 없는 헛소리라고 치부해도 괜찮다. 그게 중요한 게 아니니까 말이다.

식당을 하는 사람들이 음식에 대한 개념을 모를 때 가엾다. 쌈밥이라고 내놓은 음식에 상추와 깻잎이 전부일 때는 비웃음이 난다. 회덮밥이라고 줬는데 회는 없고 채소가 듬뿍일 때 가소롭다. 동태탕을 시켰는데 대가리 포함해서 3조각일 때 기가 막힌다. 아구찜을 시켰는데 콩나물찜을 턱 하니 주면 화가 난다. 본인도 분명히 손님으로서의 외식 경험이 충분할 텐데, 식당 주인들이 내놓은 음식을 보면 앞뒤가 없다. 쌈장이 어떠해야 하는지, 초장 맛은 어떠해야 하는지를 모른다. 그냥 업소에서 파는 걸 뜯어서 내놓으면 그게 그 음식이 된다.

만둣국의 만두는 봉지만두다. 그나마 가정에서 사 먹는 질 좋은 봉지만두도 아니고, 업소용 싸구려 봉지만두를 넣고 만둣국이라고 7,000원을 받는다. 사리냉각기가 뭔지도 모르면서 냉면을 만들어 판다. 흐르는 수돗물에 면을 헹궈 만든 그걸 냉면이라고 대한민국 식당 대부분이 여름에 빨간 냉면 깃발을 매단다. 쭈꾸미볶음에 쭈꾸미가 없다. 낙지볶음에 낙지 역시도 없다. 오징어도 마찬가지다. 심지어 김치전에 김치 대신 김칫국물로 반죽한 밀가루가 전부다. 웃긴가? 실제 현실은 비일비재다. 질 나쁜 배추로 만든 김치, 묵은쌀로 지은 밥도 이 범주에 속한다면 당신의 식당도 반드시 포함될지 모른다.

그래서 손님들은 식당 음식에 의구심을 갖는다. 보쌈집에서 집에서 담근 김치보다 못한 김치를 보쌈김치라고 내놓고 3만원을 받을 때 손님은 어처구니가 없다. 아주 당당하게 그걸 보쌈김치라고 내놓는 걸 보면 할 말이 없다. 그런 집을 선택한 내가 죽일 놈인 것이다. 쌀국수에 숙주 잔뜩 올린 게 전부인데 그걸 만원 넘게 받을 때도 역시나다. 활(생물) 재료는 하나도 없는 냉동 해물탕이 5~6만원이 넘을 땐 상을 엎고 싶어진다.

대부분 그렇게 장사를 시작한다. 음식이 갖춰야 할 기본 덕목조차 제대로 갖추지 못한 상태에서 음식을 만들고, 그 음식에 가격을 매겨서 그런 수준의 음식으로 돈을 받는다. 분명히 음식은 맛있어야 한다는 것을 알면서도 맛은커녕 기본도 지키지 않는다. 음식의 맛 내기에는 관심이 없고, 오직 남기는 데에만 관심이 있을 뿐이다. 어떻게 하면 그럴듯하게 보여질까는 생각지 않고, 어떻게 해야 왕창 남길 것인지에만 혈안이 되어 있다.

40년 된 노포 식당에서 한우갈비탕을 27,000원에 먹었다. 기가 막혔다. 아무리 마구리가 탕용 재료라고 해도 이건 너무하다. 살밥이 없는 갈비탕을 먹는 심정, 주인은 알까 싶다. 더 가관인 것은 그래도 비싼 갈비탕 한 그릇 아내에게 먹이고 싶어 포장한 27,000원 한우갈비탕은 식당에서 먹었던 것보다 살밥이 더 없다. 이건 마치 멀리 포장해 간 손님이 전부 뼈와 못 먹을 비계가 붙어있다고 다시 찾아와 항의를 할 거냐는 심산으로 보인다. 진짜 그렇게 믿겨졌다. 그런 쓰레기 같은 마구리를 40년의 명성을 걸고 판다는 것이 이해되지 않지만, 현실이 그렇다. 한우갈비탕은 결국 버렸다. 먹기엔 자존심이 상해서다. 그냥 27,000원 흘린 셈 치고 말았다.

김치찌개를 만들어 판다. 그런데 전국은 고사하고 자기가 사는 도시의 김치찌갯집 열 곳도 가보지 않았다. 부대찌개도 마찬가지다. 동태탕도 역시나다. 그냥 한두 곳 가보고 만들어 파는 게 전부다. 설마라고 놀라지 말자. 20년 동안 장사가 안 되는 식당을 만나 컨설팅을 하면서 필자가 가장 많이 한 말이 "사장님이 손님이면, 이 음식을 돈 주고 사 먹을 건가요?"였다.

된장찌개도 그냥 집에서 해 먹던 게 전부이거나, 다행히 인터넷에서 공짜 레시피로 본 것을 첨가하면 그래도 성의가 있는 거다. 백종원 선생이 만드는 레시피를 참고한다면 그래도 정성이 있는 셈이다. 이처럼 대충대충 음식을 만들어 식당을 하니까, 백에 여든이 망하는 거다. 망해도 싼 이유가 여기에 있다고 해도 과언이 아니다. 컨설턴트로서 내가 본 대부분의 식당 음식은 형편없었다. 가격에 비해서는 따질 것도 없고. 가격에 비해 괜찮은 음식이 아니라 그냥 그 음식 자체로 먹을 만한 곳조차 없었다. 그냥 공부 값으로 생각하고 음식값을 매번 지불하는 것도 어느 땐 지겹고 짜증이 날 정도다. 나도 사람인지라 내 돈 내고 먹는 음식에 기꺼이라는 표현을 쓰고 싶은 식당을 자주 보고 싶다.

음식은 개선하는 거다. 실력이 늘면서 메뉴를 늘리는 것이 아니라, 처음 시작한 그 음식의 깊이를 깊게 만들어야 한다. 숙련을 통한 그 결과를 만들어 내야 한다. 그리고 기본을 갖춰야 한다. 적은 가짓수의 반찬이라도, 진짜 이 반찬 하나 때문에 이 집은 더 맛있다는 소리를 들어야 한다. 김치 깍두기 하나로 전국을 제패하진 못해도, 적어도 동네에서 김치 깍두기 하나만큼은 이 집이 제일이라는 소리를 들어야 한다. 식당 몇 년에 그 소리조차 얻지 못한다면 그동안 뭘 했단 말인가?

원가율 35% vs 영업이익 30%

당연히 남는 장사여야 한다. 그러자면 원가를 낮추던가, 판매가를 높이던가, 볼륨을 늘리던가 중에서 해결하는 수밖에 없다. 정말 어이없는 훈수를 본 적이 있다. 남보다 비싼 자리를 얻어서(돈을 더 투자해서) 남보다 더 많이 주고(재료를 더 넣으라는 소리다) 남보다 싸게 팔면 무조건 이긴다는 해괴한 소리를 들었다. 하지만 자기 돈이라면 그렇게 장사를 할 것인지 되묻고 싶다. 그렇게 팔아서 뭐가 남을 것인가? 아무리 박리다매가 예부터 내려오는 장사의 기술이라고 하지만 높은 월세와 인건비를 감당해야 하는 작금의 시대에 그게 도대체 무슨 말인지 모르겠다. 그걸 또 비법이라고 돈 주고 공부하는 장사꾼들도 한심하기 그지없다.

남으려면 더 받아야 한다. 남처럼 받아서는 남는 게 없다. 팔리려면 잘 줘야 한다. 잘 줘야 하는 건 맞다. 대신 더 받은 돈으로 더 잘 주면 된다. 손님

돈으로 잘 주는 게 어려운가? 아까운가?

남들이 7,000원짜리 칼국수에 원가는 2,000원쯤 겨우 넣었을 때 나는 8,000원을 받는 거다. 그리고 여기에 3,000원이나 조금 더 과감하게 3,500 원어치를 재료로 쓰면 된다. 옆집 7,000원을 이기기 위해 500원 더 싸게 받는 것은 쉬운 결정이다. 500원을 더 싸게 받아서 옆집 손님을 끌고 올 수 있다면 누구나 그렇게 결정을 할 것이다. 이때 반대로 그런 마음으로 가격을 올리고, 그 돈을 원가에 투자하면 가격은 겨우 1,000원 차이지만 손님들은 50~70%의 재료가 더 들어간 푸짐한 칼국수를 맛보게 될 것이다. 바로 그 경쟁력으로 옆집을 이기는 거다.

장사의 셈법은 이래야 맞다. 이걸 알려줘야 하는데, 그저 돈으로 싸우는 장사, 가격으로 이기는 장사, 손해를 보더라도 무조건 경쟁자를 누르는 치졸한 장사법을 알려주는 컨설팅이 많다. 그런 장사로 얼마나 긴 호흡을 유지하고 살아남을지 걱정스럽다.

손님은 조금 더 비싸도 좋으니까 제발 제대로 된 음식을 먹기 원한다. 싸다고 찾는 시절은 오래전에 끝났다. 싸서 먹는 무한리필 고깃집을 보자. 그 생명력이 얼마나 가던지 손님으로써 겪어보지 않았던가? 체인 본사들이 달려들어 싸게 먹는 식당을 만들어 창업자에게 팔아먹고 얼마 지나지 않아 아이템을 바꾸는 그 짓거리를 숱하게 봤으면서도 연달아 그런 아이템을 따라 하는 창업자들이 진정한 봉이다. 자기 전 재산을 이단교에 바치는 것만큼 한숨 나는 상처다.

구전으로 내려오는 식당 교과서의 '원가 35%, 영업이익 30%'는 있을 수 없는 셈법이다. 하지만 그건 생각을 바꾸면 전혀 불가능한 소리도 아니다. 원가를 낮추려면 판매가를 높이면 가능하다. 5,000원짜리 돈가스는 최소한 2,000원의 재료비(40%)가 투입되어야 하지만 원가 35%를 맞추려면 1,750원을 써야 한다. 하지만 1만원짜리 돈가스의 경우 35%면 3,500원이다. 당연히 5,000원짜리 돈가스의 두 배의 재료가 들어갔으니 비교가 불가능하다. 따라서 고전으로 내려오는 식당 원가율 35%를 맞추는 기술은 판매가를 올리는 것으로 간단하게 해결된다.

여기서 한 번 더 비틀어 보자. 왜냐하면 이것만으로 이긴다는 보장이 없기 때문이다. 5,000원 돈가스의 마진을 생각하고 따지는 거다. 재료비 2,000원(40%)을 들였으니 3,000원이 남는다. 그걸로 임대료도 내고, 인건비도 주고, 자기 이익도 가져가야 한다. 1만원짜리라면 6,000원이 남는다. 그런데 5,000원 돈가스를 만드는 수고와 1만원 돈가스를 만드는 수고는 동일하다. 그렇다면 재료를 더 넣으면 어떨까? 1만원 돈가스의 원가로 4,000원이 아니라 5,000원이나 6,000원을 넣으면 어떨까? 그럼 재료비가 2,000원 들어간 5,000원짜리 돈가스에 비해 3곱이 늘어난 재료라서 감히 비교조차 되지 않을 것이다. 그래도 4,000원이 남는다. 1만원을 받으니까 60%의 재료비를 넣어도 5,000원짜리 돈가스에 비해 1,000원이 더 남는 것이다.

그런데 손님이라는 볼륨은 어마어마해진다. 5,000원 돈가스는 하루에 겨우 50개쯤 팔린다. 40%를 원가로 투입했으면 3,000원이 남으니 영업이익(순이익 아님)은 15만원이다. 거기서 하루치 임대료·공과금·인건비를 주면 주인은 손해다. 반대로 60%의 재료비가 들어간 1만원 돈가스는 하루에 300개가 팔린다. 4,000원이 남으니 300개면 120만원이 영업이익이다. 이걸로 하루치 임대료와 인건비·공과금을 제해도 주인에게는 최소 30만원쯤은 남을 것이다. 하루 매출 300만원에서 마진 30%가 아니라 10%만 내 것이라고 생각해도 한 달이면 900만원의 수

식당, 생각을 깨야 이긴다

입이 된다(물론 부가세·소득세 등등이 있지만, 여기서는 그 세세한 지출의 논리를 설명하는 것이 아니니 무시한다).

이처럼 원가를 낮추려면 판매가를 올리고, 이익을 높이려면 많이 팔면 된다. 이게 장사의 기본이다. 이런 걸 가르치고 배우는 서로가 되었으면 한다. 전구 색깔이 뭐가 좋고, 의자의 높이는 얼마가 좋고, 간판 색상으로는 뭐를 피하고, 그릇은 겹쳐 놓으면 값어치가 산다는 그런 사소한 팁을 비법이나 비책이라고 하지 않았으면 좋겠다. 누구나 시도하고 따라 하는 단순한 팁은 비책이 아니다. 그저 기술일 뿐이다. 생각을 바꾸고, 생각을 깨서 어떤 셈법이 식당에 유리한지를 아는 공부가 진짜라는 것을 알았으면 한다.

시간이 없다.
돈이 없으니까!

시간이 없어서 제대로 준비를 못한다는 말을 듣는다. 오픈이 급하다는 소리다. 생활비로 낭비되는 돈이 아까워 가게를 빨리 구해야 하고, 성과를 빨리 내기 위해 유행 아이템을 선택해야 하고, 오픈이 빨라야 하니 체인을 한다는 말을 듣곤 한다. 기가 차지만 그게 이유라니 어쩔 수 없다. 오픈하자마자 손님들이 기다렸다는 듯이 와 줄 거라는 착각은 무슨 배짱인지 모르겠다.

이들은 시간이 없다. 시간이 급하니까 빨리빨리에 매달린다. 뭐든 빨리 결정해야 한다. 어차피 닥치면 다 하기 마련이니까 문제는 그때 생각해도 늦지 않다. 연습도 필요 없다. 가장 좋은 연습은 실전이라고 하지 않던가? 늘 이런 논리다. 설마 자기 전 재산을 들여서 만드는 식당을 그처럼 허술하게 만들겠냐고? 거짓이라고 생각할 테지만, 당신이 이번 주에 간 식당 중에서 제대로 기본을 갖춘 식당이 얼마나 되는지 되짚어 보면 필자의 날카로운 직언이 사실임을 알게 될 것이다.

역시나 인생 후반전을 빨리 성공해야 하니까 시간이 없다. 하루라도 빨리 성공해야 남은 인생을 행복하게 살 수 있을 테니 부지런히 서둘러야 한다. 문제가 생기면 그때마다 풀고 넘으면 된다. 사실 '인생이란 다 그런 게 아니던가?' '닥치면 어떻게든 풀려 왔지 않던가?'라고 스스로에게 타협을 하는데, 진심으로 생각해 보자. 문제가 생겼을 때 그걸 풀기 위해 얼마나 힘든 고생을 했던가를 말이다. 죽을 고생을 해서 겨우 넘긴 고비다. 식당도 마찬가지다. 앞으로 일어날 일은 절대 알 수 없다. 그래서 철저하게 준비를 해야 하는데, 아직 닥치지 않은 걱정을 미리 사서 할 이유가 없다는 논리로 대부분은 차리는 데 집중하고 오픈을 하는 데 집중한다. 오픈하면 매출이 발생하고, 그 매출은 내가 먹고살 수 있을 만큼의 수익이 될 거라고 오판한다.

하지만 당신이 식당을 오픈해도 아무도 관심을 두지 않는다. 그래서 어쩔 수 없이 전단지를 만들고 현수막을 걸고 인터넷 홍보비로 수백만 원을 쓴다. 계획에도 없던 돈이 그렇게 지출되면서 더 초조해지고, 시간에 쫓긴다.

음식을 맛본 손님들이 화난 표정을 짓고, 음식을 먹어보니 자신도 그제서야 아차 싶지만 이미 오픈을 했다. 다시 문을 닫을 수도 없으니 그 상태로 계속 손님을 받아야 한다. 그러다 보면 부끄러운 마음도 가신다. '어디는 뭐 대단한 맛인가?'를 무기로 뻔뻔해진다. 맛보다는 홍보에 치중한다. 어떡하든 손님을 낚는 기술에 머리를 굴린다. 그래서 거기에 비용을 쓴다. 블로그와 페북, 인스타에 적지 않은 돈을 쓴다. 그렇게 손님을 끄는 데에만 빠져든다. 부실한 음식이라는 알맹이는 여전한데 말이다. 차라리 주방 직원을 교체하고 가게 문을 며칠 닫더라도 음식의 기본을 완성해야 하는데, 대부분은 반대로 한다. 시간이 없다고 느끼기 때문이다. 버틸 돈이 없으니 시간은 더욱 촉박하기 때문이다.

　가게를 볼 때 시간을 많이 들이는 것은 권리금을 싸게 주고 월세가 싼 가게를 얻는 게 목적이 아니다. 그게 전부라고 생각하면 큰 오산이다. 다양하게 오래 보면서 결정하는 가게여야 집중력이 생긴다. 그동안 자신이 봤던 가게들은 사실 실패한 식당들이다. 그래서 매물로 나온 거다. 좋은 자리가 싸게 나왔다는 것은 그만큼 상처가 깊어서 헐값에 나왔다는 뜻이다. 준비가 안 된 당신이 이어받으면 고스란히 겪어야 할 모습을 앞사람이 제 돈을 들여서 보여준 셈이다.

　음식을 준비할 때 시간을 많이 들이는 것은 숙련도를 높이는 게 전부가 아니다. 자꾸 만들면서 발생하는 여러 가지 변수를(집에서 하던 것과는 전혀 다르고 양이 다르기 때문에 필연적으로 발생하는) 직접 느끼고 문을 여는 것과, 손님의 클레임을 통해 그때그때 고치는 것은 천지 차이다. 왜냐하면 손님은 두 번 이상 관대하지 않기 때문이다. 가족은 열 번도 기다려 주지만, 손님은 두 번도 과할 정도라는 것을 명심해야 한다. 한 번 기억된 맛은 여간해서는 희석되지 않는다. 안 좋은 첫인상이 해소되는 데는 몇 곱의 시간이 걸리는 것과 같은 이치다.

　그래서 시간이 없을수록 시간을 더 채워야 한다. 견뎌낼 시간이 길기를 바랄수록 오픈은 신중해야 한다. 오픈하고 나서는 수습이 곤란하다. 하지만 오픈 자체를 미루면 궁금증이 커진다. 물론 궁금증이라는 기대감에 민족을 시키지 못한다면 그것도 문제일 테지만 대체로 오픈을 길게 촘촘히 준비하는 식당은 그런 일을 별로 겪지 않는다. 대부분의 식당이 공사가 끝나면 월세와 인건비가 아까워 곧바로 오픈하느라 그런 것뿐이다.

정말로 시간이 없다면, 성공을 기다릴 시간이 부족하다면 식당은 하지 말아야 한다. 차려서 바로 딸 수 있는 열매가 로또만큼 어렵다는 것을 굳이 자기 돈을 들여서 확인해야 직성이 풀린다면 굳이 말리지는 않겠지만, 살아 남고자 한다면 더더욱 준비를 철저히 해야 한다. 설마 그 준비란 것이 무엇 인지조차 모른다면 더 이상 이 글은 읽지 말기를 바란다. 진심이다.

돈이 없다. 시간이 없으니까!

돈이 없으니까 반드시 해야 하는 식당들 벤치마킹도 못하고, 돈이 없어서 오픈 리허설도 길게 못한다. 당연하다. 주머니에 돈이 없는데 남의 식당 찾아다니면서 한가로움을 떨 수 없다. 그래서 인터넷으로 경쟁자를 보는 걸로 그치고, 싸구려 레시피로 만든 음식을 몇 번 연습하는 것으로 오픈에 임한다. 그러니 망하는 거다. 그렇게밖에 준비를 하지 않으니 손님을 만족시킬 수 없는 거고, 만족하지 않은 손님이 또 올 리 없으니 매번 새로운 손님이 오게끔 홍보비를 써야만 그나마 하루 몇 팀이라도 받을 수 있게 되는 것이다.

자본도 열악한데 쓸데없이 권리금 줘야 하는 자리를 기웃거리고, 어쨌든 인테리어는 해야 하니까 나머지 중요한 것을 힐 수 없는 것이다. 알아서 오게끔이 아니라 지나다 오도록에 집중하니까 정작 중요한 지출이 후순위로 밀리는 것이다. 생각해 보자. 아무리 자리가 좋아도 음식이 형편없다면 손님은 재방문을 안 할 것이다. 어쩌다는 낚일 수 있지만,

두세 번은 절대 낚이지 않는다. 그 당연함을 왜 그토록 간과하는가?

    돈이 없으니까 시간에 쫓기고, 시간이 급하니까 써야 할 때 필요한 돈이 없는 악순환의 쳇바퀴를 경험하게 된다. 어느 하나라도 확실하면 좋겠지만 그게 어렵다. 왜냐면 식당을 차릴 때 망한다는 생각을 하지 않기 때문이다. 열에 여덟이 망한다고 해도 자신은 거기서 예외가 분명하다는 자신감은 좋은데, 그에 걸맞는 사전준비나 공부가 없다면 그건 그저 자만심이나 객기가 될 뿐이다.

    근방에 신도시가 만들어지는 중이다. 중심 상업지구도 이제 막 절반 정도가 겨우 끝났다. 그런데 그렇게 어수선한 공사현장 중간에서 이미 완공된 건물에 식당이 오픈했다. 자가건물이라면 다행이련만 임차였다. 시세가 결정되기 전이라 달라는 대로 주고 들어갔을 것이다. 경쟁자들이 없는 황무지에서 자기 혼자 독점하겠다는 대단한 욕심에 먼지 풀풀 날리는 거리에 식당을 선점한 것이다. 경쟁자가 없듯, 손님으로 와줄 사람도 없는데 말이다.

    전문가의 눈으로 보자면, 상권이 완성된 뒤를 유추할 때 그다지 좋은 자리가 아니다. 상권 끝자락에 있다. 거기에 시설은 많은 돈을 들여서 한 티가 난다. 오직 선점의 욕심에 자리는 포기하고 시설에 주력했음이 분명하다. 사실 현명함으로 보자면 좋은 자리가 아니니 시설에 돈을 분배한 것은 나쁜 결정은 아니다. 문제는 상권이 반도 완공되지 않은 그 벌판에, 공사 인부와 공사 관계자 외에는 다니지 않는 그 거리에 성급하게 차렸다는 점이다. 권리금이 형성되기 전에 얻어야 돈을 아낄 수 있다는 판단이었을 것이다. 돈이 없으니까 권리금을 주기보다는 몇 개월을 고생하는 것이 낫다는 결심을 내렸을 것이다. 필자의 예측은 틀리지 않다. 21년간 만나본 실패자들의 공통점은 놀랄 만큼 비슷했기 때문이다.

시간이 없음은 그나마 돈으로 해결이 된다. 그러나 돈이 없음을 시간으로 해결하는 일은 실패를 땅 짚고 헤엄치는 셈이다. 그래서 돈이 없으면 식당을 차리면 안 된다. 돈이 없어도 어찌어찌 식당을 차릴 수는 있지만 버틸 수는 없다. 버틸 수 없는 식당은 단명이 불가피하다.

150평짜리 궁궐 같은 가든이, 주차장도 엄청 좋은 가든이 인테리어를 하지 않아도 되는 시설에 헐값에 나왔다. 월세는 500만원이었다. 무권리금에 보증금만 있으면 그런 대형 식당을 얻을 수 있어서 덜컥 계약을 했다. 그런데 식당을 해보니 월세보다 더 무서운 인건비를 알게 되었다. 150평을 감당할 인력이 최소 10명이 넘게 필요하다는 사실을 알게 되었다. 그래서 가게 문을 닫아야 했다. 인건비로 인해 알거지가 불보듯 뻔한 자신의 척박한 자금을 뒤늦게 인지한 탓이다. 그래서 장사도 하지 않으면서, 계약을 서두른 죄로 월세 500만원을 매달 건물주에게 헌납하고 있었다. 돈이 없어서 선택한 결과가 매달 월세 500만원을 내야 하는 노예살이로 전락한 것이다. 이천 어디쯤에서 매물로 확인한 실제상황이다.

식당, 생각을 깨야 이긴다

남과 같이 하면 된다!

망하는 식당은 '창업 컨설팅'이란 것이 있는지도 모른다. 망하는 식당의 책상에는 식당 월간지도 없고, 장사 관련 책은 커녕 심지어 요리책조차 없다. 지식과 지혜를 얻기 위해 돈을 쓰는 일에는 일절 관심이 없다. 그런 건 아주 쓸데없는 짓이라고 단언한다. 그러니 왜 자신의 성실과 노력에 비해 조금이라도 나아지지 않는지도 모르고 문을 닫는다. 때로는 그런 게 있음을 충분히 알고도, 친절하게 손에 일일이 쥐여줘도 망하기도 한다. 아무리 다그쳐도 나아지지 않는 이상한 식당들이 있고, 아무리 보여줘도 그걸 반도 따라 하지 못하는 특이한 식당들이 있다.

먼저 내 가벼운 살을 내어줌으로 상대의 뼈를 이렇게 취할 수 있다고 알려줘도, 남의 건 탐하고 내 건 아까워 하나도 못 내놓는다. 손님을 이롭게 하는 계산법이 이렇게 쉽다고 보여줘도, 죽어도 1인 1식이라 써두고 2명에게 강제적으로 中자를 권한다. 싸구려 경쟁자에게 눌리지 말고 당당하게 싸우라고 알려줘도 그 가격이 무서워 가성비를 포기하고 가격 진흙탕 싸움에 뛰어든다.

스스로 찾는 정보도 없고, 열매가 맺어진 사례를 보고도 체득하지 못한다. 장사는 전쟁이고, 전쟁에서의 패배는 전 재산을 날리는 일임을 알면서도 가게는 권리금이 싸면 일단 얻고 보고, 음식은 지인들이 칭찬하던 집 솜씨 그거면 된다. 그릇도 깨지지 않으면 최고고, 의탁자도 흥하지 않고 가격만 싸면 그만이다. 메뉴판은 주류회사가 서비스로 해주는데 왜 돈을 들이고, 현수막도 공짜로 해주는데 왜 돈을 들이냐고 한다.

손님이 예약을 하면 테이블 앞뒤 시간이 얼마나 손해가 막심한지도 모르고, 단체가 클수록 그 단체로 인해 입는 손실이 더 많다는 사실도 절대 모른다. 정보의 부재에서 오는, 오직 자신이 알고 본 그만큼의 상식만으로 시작하는 장사라서 매일이 고비고 매일이 상처다. 그렇게 아프면서도 고칠 생각이 없다. 그저 헤매다 늘 입버릇처럼 말하는 불경기 탓, 이놈의 사회 분위기 탓을 한다. 자리가 안 좋아서라고 위안을 삼고, 메뉴가 이 동네와 맞지 않다고 자책을 하면 그만이다.

식당에서 먼저 살아보기도 하지 않는다. 제주살이를 하려면 먼저 살아봐야 한다. 그저 사는 일 그 자체도 먼저 살아봐야 후회하지 않는다. 그런데 식당이라는 생전 처음의 일을 치르면서 남의 식당살이를 권하면 화부터 낸다. 사장이 될 사람에게 왜 직원을 하라는 거냐면서 화를 낸다. '닥치면 다 할 수 있다' '닥치면 해내는 사람이 나다'라고 당당하게 콧방귀를 뀐다. 갇힌 공간에서 하루를 버틴다는 게 얼마나 외롭고 지루한 일임을, 그 힘듦을 깨닫지 못하고 그저 오픈을 위해 뛰어드는 데 급급하다.

정보도 없고 경험도 없다. 그냥 무작정 차리고 본다. 그러니 망하는 거야 지극히 당연하고 마땅한 일이 아닐까? 오히려 잘되는 것이 무서운 일이다. 요행히 그렇게 승승장구를 여러 번 한다고 치자. 반드시 언젠가는 무너질 것이다. 승승으로 번 돈을 다 털어 넣어 마지막에 날리고 거지가 되는 것이다.

24승 1패를 한 50대 초반의 여사장을 본 적이 있다. 30대 초반부터 손댄 식당이 24승을 했다고 한다. 그렇게 24승을 해서 만든 70억 원을 25번째 식당에 투자했는데 그게 그냥 망해버렸다고 했다. 그래서 돈 1억 원과 폐차 직전의 경차가 남은 것의 전부라는 소리를 했다. 그렇게 20년 간 24승을 했던 그 성공자가 도와달라고 했다. 당연히 필자는 거절했다. 20년 24승을 내가 무슨 재주로 돕는단 말인가? 물고기 머리가 좌측이 아니라고 내가 말하면 이해하지 못할 텐데 말이다. 오직 규모와 시설력 그리고 감각 있는 아이템 선정으로 24승을 일군 사람에게 물고기 머리는 하늘로도 있고 땅으로도 있다고 개념을 알려준다고 그걸 받아들일 수 없으리라는 것을 너무 잘 알기에 거절했던 경험이 있다.

상식은 편하다. 그런데 그 상식은 모두가 가지고 있다. 같은 무기를 가지고 같은 방향만 공격하는데 내가 거기서 이길 수 있을까? 그때는 결국 돈의 싸움이다. 배짱의 싸움이다. 그 둘이 없다면 애초에 무기를 바꿔 들어야 한다. 그리고 남들이 한결같이 공략하는 방향이 아니라 반대의 방향이나 의외의 방향을 정하는 게 옳다.

7년 전 거제에서 연락이 왔다. 모두가 횟집 제안만 하는데, 색다른 제안을 받고 싶다는 연락이었다. 그래서 3박 4일을 거제에 머물면서(형식적이었다. 의뢰인의 연세가 많으셔서 즉답은 오해를 살 여지가 있었기에) 상황분석을 통한 반대의 제안을 했다. 바로 한우집이었다. 거제 바닷가에는 당연히 고깃집이 드물었고, 몇 개 있다고 쳐도 오직 관광객을 주로 겨냥한 식당들이었다. 그래서 나는 한우집이지만 거제 주민을 타겟으로 한 고깃집을 제안했고, 그것을 푸는 장치를 발칙하게 만들어 드렸다. 쌈을 키워서 내주는 한우집의 제안은 의뢰인을 상당히 만족시켜 컨설팅비용을 곱절로 받는 일도 경험했었다. 모두가 천편일률적으로 제시해 실패한 업종제안보고서를 반대의 직관으로 한 방에 해결한 것이다. 같은 방법으로는 문제가 풀리지 않는다. 실탄만 계속 필요할 뿐이다. 밑 빠진 독에 물 붓기처럼!

식당이 망하는 이유 07

체력은 무슨….
닥치면 할 거다!

식당 주인은 힘들지 않을 거라는 건 큰 착각이다. 재료를 사기 위해 장을 보러 다니지 않아도 힘들다. 주방에서 일하지 않아도 힘들다. 그저 카운터에만 하루 종일 서성거리기만 해도 힘들다. 이유는 단순하다. 행동반경이 식당이 전부이기 때문이다. 대개는 30~40평에서 하루를 보낸다. 커야 100평쯤이다. 그 안에서 온종일을 버티는 일, 그게 바로 힘듦이다.

그 힘듦을 간과하면 식당은 출근 자체가 지옥이다. 식당의 크기는 아무런 변수가 되지 못한다. 그 안에서 하루 종일을 버티는 일 자체가 고역이다. 주인은 보통 카운터만 지키지 않는다. 그렇게 호락호락하지 않다. 직원들은 10시에 출근하지만 주인은 새벽 6시나 7시에 이미 하루의 시작이다. 장을 봐야 하기 때문이다. 배달로 오는 물건만으로 장사를 한다는 건 말도 안 되는 소리다. 그래서는 원가를 줄일 수 없고, 질 좋은 물건을 구할 수 없다. 그래서 매일은 아니어도 일주일에 한두 번은 장을 봐야 한다.

주방에서 일하지 않아도 할 일은 태산이다. 주방에서 일할 사람을 관리하는 것도 힘들고, 주방에서 일할 환경을 만들어 주는 것도 힘들다. 음식을 만들지 않아도 허드렛일을 해야 하고, 음식을 하라고는 안 해도 들여다 봐야 할 일은 백 가지도 넘는다.

손님에게 음식을 나르는 일을 하지 않아도 힘들다. 손님과 눈 마주치는 것도 힘들고, 손님에게 웃어주는 일도 힘들다. 뻔하지 않은 첫인사와 마무리 인사를 하는 것도 힘들다.

공과금을 챙겨 내는 것도 힘들고, 위생을 체크하는 일도 힘들다. 부가세를 맞추는 일은 최고로 힘든 스트레스다. 멀쩡한 직원도 아플 수 있으니 매일 정해진 인원이 제대로 출근하는지, 서로 다투지는 않는지를 지켜보는 일도 힘들다. 노동이 차라리 편하다. 머리로 챙기고 신경 쓰는 그 모든 일들이 주인은 힘들다. 체력적인 고통은 비교할 바가 못된다.

이런 걸 전혀 모르고 시작하는 장사라서, 준비하지 않고 덥석 뛰어든 장사라서 이 난관에서 이미 무너진다. 시작도 하지 않았는데 후회부터 한다. 후회로 무를 수 있다면 좋으련만, 이미 전 재산이 투입된 상태라 울며 겨자를 먹어야 한다. 신이 나고 기운을 내서 희망을 가지고 덤벼도 될까 말까인데, 억지로 하는 식당 장사는 그래서 더더욱 힘들다. '식당 그게 뭐 그리 힘드냐?'고 말한다면 당신은 그 대가를 톡톡히 치를 것이다. 지금까지의 인생을 투자해서 번 돈(결국 그게 인생 값이다)을 톡 털어먹고 나머지 인생 걱정에 몸서리를 쳐야 할 것이다. 그래서 식당은 함부로 차리는 게 아니다. 그러니 겁이 난다면 지금이라도 접는 게 상책이다.

식당, 생각을 깨야 이긴다

손님은 대체로 진상들이다. 심성은 착하지만 자기 돈을 지불해야 하는 탓에 조금이라도 피해를 입기 싫어한다. 자신보다 늦은 테이블에 음식이 먼저 나간 그것만으로도 목소리가 찢어진다. 바뀐 순서가 큰 죄도 아닌데 그걸 트집 잡아 맛있는 음식도 평가를 난도질해서 복수를 한다. 그런 응대를 버티려면 정신뿐 아니라 체력에서 오는 정신력이 있어야 한다. 정신이 강해서 체력이 버텨지는 게 아니다. 스트레스를 견디려면 체력이 강해야 한다. 사고의 건강함과 육체의 건강함이 함께 있어야 한다. 멘탈이 약한 사람들이 체력까지 뒷받침되지 못할 때 우리는 자포자기를 지켜봐야 한다. 어느 누구도 도울 수 없다. 스스로 일어서야 할 때는 오직 혼자서 일어나야 걸을 수 있고 뛸 수 있다.

이 정도면 됐지. 뭐!

장사에는 독한 사람과 그렇지 않은 사람이 있다. 당연히 성적은 독한 사람이 좋다. 대충이라는 소리 따위는 집어 던지는 사람이 잘한다. 어느 정도의 선에서 멈추고 그것에 만족하는 사람은 장사에는 사실 맞지 않는다. 된장, 고추장 하나조차 제대로 내놓지 못한다. 김치는 누가 봐도 김치면 된다. 맛 좋은 김치를 담글 생각은커녕, 맛 좋은 김치를 살 생각도 없다. 그냥 싸면 된다. 내가 먹을 게 아니고 손님 상에 나갈 거니까 모양새가 김치면 된다. 이런 식으로 재료를 사서 음식을 만들고, 그런 식으로 일부러 찾아 준 손님을 대한다.

'남들도 다 그러더라' '어디는 뭐가 그리 다르냐'를 입에 달고 산다. 나아지려면 변해야 하는데, 대충 '그까짓 거 뭐'에서 멈추니 나아질 여지는 도통 생기지 않는다. TV를 틀면 온통 맛집이 나온다. 비법도 알려주고 특징도 알려주고 기발함도 보여준다. 그런데 그걸 보면서도 일절 따라 해볼 생각도 없고, 거기서 아이디어를 찾아볼 생각도 안 한다. 내가 파는 음식이 아니라면 모두 강 건너 불구경일 뿐이다. 장사라는 것이 음식을 파는 것이 아니라, 손님들이 맛있게 먹는 시간과 공간을 파는 서비스업이라는 것을 모르니 자기 음식이 아니면 눈앞에 묘책이 공짜로 둥둥 떠다녀도 건지질 않는다.

최근에 오픈한 식당에서의 일이다. 간판에는 청국장을 걸고, 현수막에는 김치찌개를 걸었다. 그리고 출입문 유리창에는 돈가스를 붙였다. 메뉴판에는 갓 오픈한 식당이 벌써 신메뉴 출시로 돌솥비빔밥을 홍보하고 있었다. 웃기지도 않다. 하지만 당신도 이러지 말란 법 없고, 아마도 분명히 이렇게 식당을 오픈할 확률이 아주 높다.

이 식당을 미루어 짐작하면 이렇다. 청국장은 조그만 뚝배기에 적당히 잘 끓여나가면 되는 음식이고, 김치찌개야 신김치 하나면 누가 끓여도 그 맛이 나는 음식이다. 돈가스는 식자재집에서 공급하는 것도 제법 먹을 만하다. 이것 하나면 아이들 손님도 거뜬히 해결할 수 있다. 돌솥비빔밥은 그릇이 무거워 사실 고민이었는데, 그래도 팔다 남은 반찬들을 버리느니 여기에 재료로 넣어 쓰면 원가가 거의 들지 않으니 힘들어도 이건 꼭 해야 할 메뉴라는 판단이 오픈을 하고 깨달아졌다. 그렇게 음식을 가벼이 보게 된 것이다. 하기 전에는 막연히 대충하면 될 거 같았는데, 막상 하고 보니 더 대충으로도 만들 수 있는 음식이 많음을 알고는 쾌재를 부른 것이다.

봉지 뜯으면 완성되는 음식은 지천이다. 내장탕도 봉지 뜯으면 된다. 설렁탕과 곰탕도 뚝딱 만들어 낼 수 있다. 대형마트에서 파는 가정용 즉석요리보다 더 많은 즉석식품이 업소용 식자재마트에 가면 지천으로 널렸다. 주방장이 없어도 얼마든지 만들 수 있다. 조미료를 얼마큼 첨가하는가에 따라 그 맛은 변화무쌍해진다는 선배들의 말이 틀리지 않음을 알게 되는 것이다.

그렇게 그딴 식으로 음식을 만들어 판다. 대부분의 식당이 그런 식이다. 고깃집에서 내주는 된장 하나를 봐도 그렇다. 만둣집에서 내주는 간장 하나를 봐도 역시나다. '대충 그 정도면 됐지. 어때'라는 식으로 음식을 준비해서 판다. 그래서 우리 집 근방에 식당이 넘쳐나지만, 산속에도 식당이 즐비하지만 딱히 먹을 곳이 없다. 작정하고 갈만한 식당이 없다. 아니라고 우기지 말자.

"오늘 부모님을 모시고 저녁을 드셔야 합니다. 동네 안에서 해결하셔야 합니다. 가실 곳이 있나요?"

"내일 오랜 친구가 놀러 옵니다. 우리 동네 맛집을 소개해 달라고 합니다. 소개할 곳이 있나요?"

"모레 아내의 생일입니다. 우리 동네에서 아내를 위해 소비를 할 수 있는 식당이 찾아지나요?"

식당, 생각을 깨야 이긴다

마지막 고비라는 확신이 없다

우연히 본 〈서민갑부〉라는 프로그램에서 주인공이 한 말이 너무 인상적이었다.

"그때가 마지막 고비인데, 그 고비를 넘지 못하고 거기서 무너집니다. 물론 마지막 고비라는 느낌은 본인이 느껴야 하는 거지만, 대부분은 마지막에서 무너집니다. 그 마지막을 넘기면 좋은 날이 옵니다."

나도 마지막 고비를 넘었다. 그건 나아진 생활이 증명해 준다. 그런데 그 고비가 마지막이었음을 지금도 나는 알 수 없다. 어쩌다 보니 넘어섰을 뿐이다. 다행스럽게 넘어섰을 뿐이다. 그렇다면 도대체 식당에서 마지막 고비는 무엇으로 알 수 있는 걸까? 과연 그 답이 이걸로 이해될지는 모르겠지만, 그래도 20년 한 길을 판 사람이니까 헛된 망발은 아닐 거라고 각오를 하고 정리를 하면 다음과 같다.

1. 메뉴가 많은데 손님이 적다.

2. 시설이 좋은데 손님이 적다.

3. 입지가 좋은데 손님이 적다.

4. 음식이 부실해 손님이 적다.

5. 가격이 싼데도 손님이 적다.

여기서 3개쯤의 이유로 손님이 적다면 마지막 고비가 오기도 전에 무너질 확률이 크다. 손님이 적은 이유와 자신이 가진 유능한 무기가 아무런 도움이 되지 못한다면 고비는 매일매일일 것이기 때문이다.

1. 메뉴가 많아서 손님이 많다.

2. 시설이 좋아서 손님이 많다.

3. 입지가 좋아서 손님이 많다.

4. 음식이 독특해 손님이 많다.

5. 가격이 싸지만 손님이 많다.

이런 이유로 장사가 잘되고 손님이 많다면 계속 그 방향으로 가야 한다. 언젠가는 다칠지 모르지만, 일단은 그 방향이 잘 맞았기 때문에 이걸 고집해야 한다. 그런데 다음과 같은 경우는 식당주들이 충분히 고민해 봐야 할 문제들이다.

1. 메뉴가 간소해 손님이 없다

메뉴가 간소한 것은 당연히 가까운 동네 사람들에게는 매력이 없다. 매일 먹기 물리고 지겹기 때문이다. 그래서 메뉴가 간소한 온리원, 그거 하나

식당, 생각을 깨야 이긴다

잘하는 식당은 상권의 반경이 넓어야 하고, 그것이 소문나야 하는 시간이 걸린다. 먼 거리에서 내 식당이 있는 줄도 모르고, 잘하는 줄도 알 수 없다면 당연히 손님이 적은 것을 인정해야 한다.

2. 시설이 부족해 손님이 없다

시설이 부족해 손님이 적다는 것은 본인의 생각이다. 손님은 사실 시설에는 크게 신경을 쓰지 않는다. 비위생적이거나 누가 봐도 기겁을 할 수준의 위생상태가 아니라면 남루한 시설이라고 무시하지 않는다. 그건 당사자의 자격지심이다. 당당한 사람은 굳이 슈트를 입지 않아도 빛난다. 그걸 애써 자신을 위로코자 이유로 삼는 것은 불행한 일이다. 고쳐질 수 없는 것에 집착해 자책하는 것은 아무런 도움이 되지 않는다는 걸 알아야 한다.

3. 입지가 외져서 손님이 없다

반대로 생각하면 된다. 입지가 좋을수록 경쟁자가 많다. 아무리 입지가 좋아도 지나치게 경쟁자가 많다면 내가 살아날 수 있을까로 이해해야 한다. 경쟁자가 100인 곳에서 10등을 하는 것과 경쟁자가 10인 곳에서 3등을 하는 것 중에서 어느 것이 쉬울까? 경쟁자가 많은 입지가 더 무섭다는 걸 알아야 한다. 외진 자리라고 손님이 없지 않다. 요즘은 외져도 휴대폰 하나면 다 찾아온다. 때로는 외져서 일부러 찾아가는 재미를 즐기는 사람도 많다. 물론 내실이 있는 식당이어야 할 테지만 말이다.

4. 음식이 평범해서 손님이 없다

독특한 음식보다는 문턱이 낮은 평범한 음식이 더 좋다. 색다르다는 것은 호불호의 문제도 있고, 그것이 인정되는 시간이 필요하다. 그래서 독특한 이국 음식을 파는 집은 우선적으로 인테리어로 눈길을 끌려고 애를 쓴다. 그것으로 유인하고 먹이는 것이다. 국내에 흔하지 않은 음식을 서슴지 않고 찾아가는 손님이 없다는 것을 잘 알기 때문에 시설과 이슈로 손님을 호객한다. 그렇기 때문에 식당은 익숙하고 평범한 음식이 더 현명한 선택이다. 다만 그것을 기존의 식당과 다른 방식으로 풀어야 한다. 뻔한 방식과 개념으로는 이길 수 없으니 반드시 비틀어서 손님에게 이롭게 던져야 재방문한다는 것을 가슴에 새겨야 한다. 평범의 비법이 바로 저관여의 고관여화다.

5. 가격이 비싸서 손님이 없다

가격이 비싸다면, 그래서 손님이 비싸다고 느껴서 오지 않는다면 그건 식당이 잘못한 것이다. 그렇다면 가격을 남들과 비슷하게 맞추는 방법이 있고, 남들과 가격에 차등을 두되 그 차액을 손님에게 돌려주는 방법이 있다. 당연히 후자가 좋은 카드다. 같은 가격을 받고서 경쟁자보다 잘 줄 수 있는 재주는 없다. 그러나 더 받은 돈으로, 내 이익이라 생각지 않고 손님에게 잠시 빌려둔 돈이라고 생각을 한다면 그것은 무기가 된다. 물론 그 개념이 하루아침에 잡히는 개념은 아니라서 모두가 이 방식을 글로 읽고 고개를 끄덕이지만, 실제 제대로 구현하는 식당이 없다는 것도 특징이다. 다시 말하지만 가격이 싼 음식을 파는 식당은 클리닉이 어렵다. 그러나 가격이 비싸서 고전하는 식당은 클리닉으로 나아질 확률이 높은 아주 쉬운 밥상이다.

이렇게 고쳐나가면 마지막 고비가 올 것이다. 진짜 단골의 증가, 조금씩이라도 늘어나는 손님의 수, 진심으로 평가하는 인터넷 평들을 보면 알 수 있을 것이다. 그 마지막 고비를 그렇게 넘을 수 있게 되고, 그 고비를 넘고 나면 그동안의 수고를 보상받는 시간이 반드시 올 것이다.

식당, 생각을 깨야 이긴다

돌파구 대신에 '포기'라는 유혹

보증금을 2~3천쯤 줬다고 치자. 거기에 인테리어 비용으로, 진짜 개보수 정도하는 비용으로 2~3천쯤 들었다고 치자. 그리고 주방설비와 냉난방 그리고 간판과 그릇 값으로 아무리 적게 써도 또 2~3천은 썼다고 치자. 아주 약하게 잡은 예산이다. 실제는 이보다 훨씬 더 많은 비용이 들어간다. 그냥 쉽게 계산하자면 평당 250~300만 원쯤 들어간다고 보면 된다. 이 정도면 시설과 설비, 간판, 메뉴판, 의탁자 등이 해결된다. 전기를 승압하고 가스를 설치하는 비용은 여기서도 별도지만 대충 이 정도의 비용이 소요된다. 그러니 창업자금이 턱도 없다면 시설은 일절 손보지 않는 식당을 인수하는 것 외에는 방법이 없다. 그렇더라도 최소 간판과 그릇, 필요한 기물 비용으로 1~2천은 필요하다. 이것도 쓰지 않고 식당을 인수하는 것은 간판 그대로, 메뉴 그대로일 때뿐이다. 하지만 망해서 내놓은 가게를 인수해 아무것도 손대지 않아서 비용이 들지 않았다는 것은, 시작부터 성공과는 거리가 멀다는 뜻일 수 있다.

이렇게 장황하게 창업비용을 설명하는 이유는 간단하다. 쉬운 돈이 아니고, 함부로 시작할 돈이 아니라는 거다. 누군가는 날려도 괜찮은 창업자금일 수 있지만, 대체로는 그것이 전부인 사람들이다. 잃으면 회생이 불가능한 돈을 투자해야 길거리에 널리고 널린 식당 하나를 겨우 차리는 것이다. 그런 소중한 돈이었는데 생각만큼 장사가 되지 않고, 심지어 가게를 여는 것보다 닫는 것이 이로운 현실일 때가 있다. 무척 아픈 이야기지만, 연명도 여기에 속한다. 차라리 돈을 투자하지 않고 남의 식당에서 일하면 투자금도 그대로 살아있고, 내 식당이 아니니까 골머리를 앓는 일도 없었을 텐데 말이다.

아픈 과정을 길게 설명하진 않겠다. 읽는 이도 마음이 불편할 테니 말이다. 하여간 사정이 극도로 나빠져서 이젠 식당에 출근하는 일이 곤욕이고, 자다 다음 날 깨면 내일은 오늘과 전혀 다른 현실이기를 바라는 마음이 생기는 막바지의 상황에 몰렸다고 치자. 이때 자신이 가게를 얻을 때 투자한 권리금과 오픈을 위해 투자한 창업비용이 적게는 7~8천쯤 들었다면 이걸로 만세라도 부르고 털어내고 싶을 때 어떻게 해야 할까?

우선 만세는 아무것도 바라지 않을 때 쓰는 카드다. 얼마라도 건지기를 바라는 마음의 만세는 백약이 무효다. 철저하게 항복하는 경우가 아니라면 가게는 팔리지 않는다. 그건 결국 무권리 만세다. 그런데 그걸 권할 때도 있다. 컨설턴트인 내가 무권리로라도 던지고 더 이상 그 고통에서 허우적거리지 말라는 충고를 할 때가 있다.

1. 무엇을 해도 나아질 상황이 아니라는 판단이 들 때가 바로 그렇다.

식당, 생각을 깨야 이긴다

지하나 2층, 지나치게 암담한 자리거나 유동량을 끌어올 수 없을 정도로 상가가 넘치는 입지일 때는 솔직히 그 점을 인지시킨다.

2. 뭔가를 하기엔 그동안의 피폐한 몸의 상처가 너무 깊어 오히려 건강과 바꿀 염려가 극심할 때는 차라리 무권리 만세가 답이라고 권한다. 건강을 잃으면 모든 것을 잃는 것이니 말이다.

3. 때로는 뭔가의 돌파구를 위한 투자가 만세를 부르는 것보다 과한 투자라고 판단할 때도 그렇다. 적당한 리뉴얼이 아니라 전면적인 리뉴얼로 재투자를 다시 해야 할 바에야 그냥 만세가 낫다.

4. 아무리 좋은 처방전을 써도 당사자가 받아들일 거 같지 않다면 역시 만세를 권한다. 자신의 생각은 바꾸지 않고 오직 단칼 처방으로 해결을 바란다면 아무리 좋은 훈수도 약으로 써지지 않는다.

하지만 무권리로 던지는 것보다는 천만원쯤이라도 들여서 3~4천을 건질 수 있다면 돌파해야 한다. 만세보다는 그게 낫다. 때로는 장사의 방법이 틀려서 고전한 것이 분명하고, 그것을 이해하고 받아들일 수 있다면 고치고 다듬어서 돌파해야 한다. 아직은 그래도 싸울 힘이 남아 있고, 가능성이 있다면 반드시 돌파해서 부딪혀 보는 것이 후회되지 않는다.

그런데 많은 식당들이 아무것도 하지 않고 만세를 부른다. 가게를 시작할 때도 아무런 준비도 없이 덤벼들더니, 만세를 부를 때도 아무것도 하지 않고 빈털터리를 자처한다. 왜 그러는지 이해가 가지 않지만, 그런 분들은 식당의 아픔을 치료하는 직업이 있다는 사실도 모르니 사실 방법이 없을 것이다. 책을 통해 누군가를 찾는 간단한 일조차 챙기지 않으니 그 방법은 아무리 해도 찾아지지 않을 것이다.

투자한 전 재산을 다 날리는 만세를 할 계획(?)이라면, 수천만원씩의 비용을 다시 투자하는 게 아니라면, 자신의 장사 셈법을 다시 고칠 수 있다면, 이미 망한 가게에서 큰 깨달음이라도 확실히 건져보자는 판단이 선다면 만세보다는 돌파구를 찾아야 한다. 이미 망한 가게에서 아낄 것도 없고, 이거 팔아서 얼마가 남는가에 신경을 쓸 이유도 없으니 과감한 칼을 휘둘러보는 것도 해 볼 만한 가치다. 만세라는 포기의 유혹은 달콤하다. 그 결정은 모든 것을 날리지만, 앞으로의 고통도 일시에 해방될 수 있다. 그런데 자포자기는 다음의 것도 그걸 마지막 카드로 남길 요량으로 숨겨둔 반복의 단어라는 점이다. 독기라는 단어는 점점 더 자신과 멀어지게 될 것이다. 다시 도전을 할 인생이 아니라면 몰라도, 실수는 반복되어서는 안 된다. 그러자면 만세 이전에 갖은 수를 다 써서 마지막 피나는 노력의 끝을 스스로 경험해 보는 것이 낫다. 그래야 새로운 도전에 되풀이를 절대 하지 않을 테니 말이다.

　　　　　　　　식 당 , 생 각 을 깨 야 이 긴 다

'이번 식당은 망했다'와의 타협

대학시험처럼 재수를 할 수 있는 것도 아니다. 그런데 상당수의 식당이 재수·3수가 있다는 것처럼 오픈하고 얼마 되지 않았음에도 자포자기하는 모습을 보인다. 마치 내 운은 역시나라는 듯이, 역시나 이번에도 나아질 게 없는 또 시작한 실수라고 단언하듯이 포기를 하고, 매출 연명을 하면서 헐값에라도 팔리기만을 바라는 태도를 볼 때 정말 마음이 아프다. 다음 기회가 또 있는 것도 아닌데, 마치 이 실패를 다음에 다시 만회하면 그만이라는 행동에 어이가 없을 때가 빈번하다.

헐값에 판다는 것은 그만큼을 잃었다는 뜻이다. 자기 재산이 많아서 잃어도 빈자리가 드러나지 않는다면 모르지만, 아프고 큰 상처가 보일 정도라면 다음 기회도 녹록하지 않을 것이다. 도심에서 차린 식당을 동네에 차려야 하고, 동네에서도 무너지면 외진 길에서밖에 기회가 없을 것이다. 그렇게 '이번 식당은 망했어'라는 결심은 아무것도 반등을 주지 못한다. 왜 실패를 했는지 알아야 한다. 그리고 이 실패가 약이 되도록 바꿔야 한다. 위기에서도 기회가 온다. 몰라서 그렇지 오히려 큰 위기라서 돌파가 잘되는 경우도 있다. 이래 죽으나 저래 죽으나를 깨달을때, 의외로 컨설팅은 잘 먹힌다. 물론 제대로 방향을 잡았을 때일 테지만 말이다.

창업자들이 간과하는 것이 바로 속도다. 차리고 빨리 돈을 벌어야 한다는 속도에 매달린다. 그래서 오픈 준비도 안 되었는데 SNS에 실컷 홍보를해서 오는 손님들에게 망신을 당하기도 한다. 인생이 속도가 아니라 방향이듯이, 식당 창업도 속도에 발목을 잡히면 될 일도 안 된다. 맛이 부족해도 오픈을 해야 하고, 손발이 맞지 않아도 오픈부터 해야 한다면 결과는 뻔할 것이다. 내 장점이 뭔지, 내가 가진 어쩔 수 없는 단점이 뭔지도 모르고그저 오픈에 목숨을 걸고, 원하는 매출에 도달하려는 최선의 노력은 오직SNS 홍보에 돈을 뿌리는 것이 전부다. 그건 노력이 아니다. 돈 놓고 돈 먹기일 뿐이다. 유능한 전문가를 통해 홍보가 대박 났다고 쳐도 그건 그때뿐이다. 알맹이가 없는 홍보에 실망한 손님들이 심지어 공격을 할 수도 있는일이고, 그래서 홍보가 성공한 크기만큼 빠른 속도로 무너지는 식당도 볼수 있다. 너무 과한 껍데기 자랑으로 화살이 아닌 대포로 맞아 빠르고 장렬하게 전사하는 식당도 심심찮다.

위기의 이유가 뭔지를 찾아야 한다. 내 식당의 부진이 무엇 때문인지를 알고 개선하고 망해야 다음 창업에서 실패하지 않을 것이다. 그런데그게 없이 그저 '이번 식당은 망했어' '어쩔 수 없어'라고 자평하고 손을놓으면 '이번 생은 망했어'가 될 것이다. 반드시 그렇게 될 것이다. 아무

식당, 생각을 깨야 이긴다

리 성실하게 일을 해도 나아지지 않는 삶의 원인은 대체로 거기에 있다는 것을 본인만 모르고, 주위 모두는 알고 있다. 방향이 틀린 성실은 아무것도 해결해 주지 못한다. 깨달음이 없는 위기는 또다시 찾아올 무서운 친구일 뿐이다.

가장 흔한 이유인 메뉴가 많아서 먹히지 않았다면 메뉴를 줄이면 된다. 줄임으로 인해서 생기는 여유를 그 메뉴 하나에 쏟아부으면 나아질 것이다. 이것저것을 만들려고 애쓰지 않고, 진짜 이것 하나 잘하도록에 미치면 이룰 수 있을 것이다. 칼국수 면을 꼭 자가제면할 이유가 없다. 거기에 쓸 노동과 힘보다는, 김치 하나를 제대로 만들면 그것 때문에 맛있어진 칼국수가 완성될 것이다. 컨셉이 없는 식당이라면 컨셉을 만들고, 스토리가 없다면 스토리를 만들어 수정하면 나아진다. 그런 정도의 개선으로 '불행 끝 행복 시작'까지는 어려워도, 숨통이 트이는 회생은 할 수 있을 것이다. 상호를 바꾸고 메뉴 자체를 바꾸고 인테리어를 바꾸지 않더라도 이 정도의 점검과 처방으로도 내일에 대한 희망이 생길 수 있을 것이다.

단, 지나친 경쟁자의 난립일 때는 어쩔 수 없다. 경쟁자가 많다는 것은 여러 가지의 의미를 담는다.

1. 그 많은 경쟁자들이 대체로 나보다 사정이 낫다면 내가 뭔 짓을 해도 그들을 꺾기 힘들다.
2. 그 많은 경쟁자들 중에는 반드시 독보적인 강점을 가진 경쟁자가 있다.
3. 그 많은 경쟁자들 대부분은 나보다 돈이 많다.
4. 내가 뭔가를 시도해서 터뜨린다고 쳐도, 그 수많은 경쟁자가 카피를

하면 돈 없는 원조인 나는 따라쟁이가 될 뿐이다.

5. 반드시 카피된다. 경쟁자는 내가 무기를 잘 만들수록 반드시 카피를 한다. 그래서 그 무기 자체가 흔해져 아무런 가치가 되지 못하게 망쳐내는 엄청난 힘을 가지고 있다. 바로 많은 경쟁자의 수 탓이다.

6. 내가 힘든 이유가 바로 그 무수한 경쟁자보다 위치가 나쁘고 규모가 작고 시설이 부족하고 음식이 평이해서 힘든 거라면, 미안하고 또 미안한 말이지만 아무리 간절한 발버둥이라도 소용없다. 그때는 만세가 가장 빠른 길이다. 그 결단만이 현명하고 다음을 기약할 수 있는 기회가 된다.

정말로 살고 싶은가? 그럼 이곳을 가보라. 잠실의 '만푸쿠', 길동의 '으뜸회', 청주 내덕동 '중국집 금용', 안산 '동태밥상', 화순 '그남자의 가브리살', 동탄 '볏짚삼겹살', 이천 '산타의 자장면'을 가보라. 그리고 그들처럼 손님을 제압해 보자. 그걸 해낼 수 있다면 그걸 돌파의 카드로 삼는 거다. 쉽지는 않겠지만 '이번 식당은 망했어'라고 포기할 거라면 그걸 못할 이유도 없지 않은가!

'인원수대로 시키세요'의 오류

대부분의 식당이 장사 셈법의 오류 탓에 힘들어진다. 아무것도 아닌 셈법에 집착하다 손님을 잃는다. 4인석 테이블을 놓았다고 식당에 오는 손님이 4명이 아니면 입장이 안 되는 것도 아닌데 4인에 집착한다. 아니, 정확히는 4인분에 집착한다. 4명이 앉았지만 3명이 앉았다고 생각하는 게 그리 어려울까? 3명이 앉았지만 2명이 앉아서 주문한다고 생각하는 게 도저히 못할 짓일까? 나는 그걸 묻고 싶다. 3명이 小자, 4명이 中자를 시켜도 고맙게 생각할 수는 없는 건지 물어보고 싶다. 반찬을 더 먹을까 봐 그게 아까워서? 그럼 인원수대로 주문하고 반찬 서너 번 리필은 어떡할 것인가?

찌개와 탕을 꼭 인원수대로 주문하라는 것을 아직도 이해할 수 없다. 실제로 덜 시킨다고 주문이 안 되는 것은 아니지만, 손님을 거지 취급하고 돈이 없어 정인분을 못 시키는 상황으로 밀어붙이는 꼴을 보면 정나미가 떨어진다. 그런 식당 주인일수록 남의 식당에 가서는 절대 정인분을 시키지 않는다. "내가 해봐서 아는데, 절대 찌개는 4인분 시키는 게 아니야. 국물만 더 주고, 내용물은 3인분과 차이가 없어. 나는 식당을 하니까 아는 거야. 하하." 천만에다. 누구나 다 그럴 거라고 이미 알고 있다. 식당에서 내주는 김치 모양새를 보고 재활용인지도 알고, 깨가 올라간 정도를 봐서 새것인지도 안다. 공깃밥이 어제 건지도 안다. 지나치게 뜨거운 공깃밥이 그 증표다. 식당 주인만 모를 뿐, 손님은 다 안다. 그래서 손님들은 1인분 덜 주문하기 위해 갖은 꼼수를 쓴다. 식당 주인인 당신도 어쩔 수 없게끔 머리를 쓴다.

식당이라는 것이 맛있게 먹게 해도 맛있을까 말까인데, 이건 뭐 주문부터 기선 싸움이니 그렇게 시작한 음식이 맛이 있다면 얼마나 있을까? 가슴에 손을 얹고 생각해 보자. 결론은 '맛없다'가 답이다. 기분이 상해서 먹는 음식이 무슨 맛이 있을까 말이다. 그 맛없음에 도달하는 결론은 이런 셈 말고도 무수하다. 그래서 필자는 식당의 메뉴판만 고쳐도 매출을 올릴 수 있다고 믿는 쪽이고, 실제 〈맛있는 창업〉 식당의 메뉴판에는 모두 그런 셈법을 담고 있다. 가격을 더 받지만, 손님이 계산하면 자신들에게 이로운 가격으로 느끼게끔 정리되어 있다.

- 곁들임을 팔려고 식당을 했는가? 그래서 공깃밥은 무조건 천원을 받아야 하는가?
- 4인석엔 4인이, 2인석엔 2인이 앉아야 한다면, 그럼 3인은 어디에 앉는가?
- 그래서 가게가 텅 비었음에도 2명에게 2인석을 권하고, 4인석은 놀리는 그런 우를 범하는가?
- 3명이 와서 中자를 시키고, 20분 후에 1명이 더 왔다. 大자로 바꾸라

고 할 건가?

- 당신의 중1 아들을 초등학생이라고 거짓하면서, 손님의 아이는 무조건 중학생이라고 1인 1식을 권하는 당신은 도대체 뭔가?
- 팔리지도 않는 곁들임을 팔려고 재료를 사서 놔두면, 냉동실에서 그게 꽃을 피우던가?
- 당신도 비싸서 사 먹지 않을 만두 4알 5,000원을 왜 못 팔아서 안달하는가? 만둣집도 아닌데.
- 200원짜리 라면사리를 천원에 팔아서 집 사려고 하는가? 티끌 모아 태산을 왜 식당에서 하는가?
- 식당이 티끌을 모아서 잘될 거라 생각하는가? 왜 누가 떠밀지도 않았는데 스스로 큰돈을 들여서 식당을 차리고, 티끌로 그걸 복구하려는가?

물론 모든 식당의 열매가 그저 1인 1식을 권하지 않고, 小中大를 인원수와 무관하게 판다고 잘되는 건 아니다. 곁들임은 노마진으로 팔고, 주력을 돕는 투톱 메뉴를 소마진으로 정직하게 받는다고 무조건 이기는 것은 아니다. 손님이 언제나 맛있게 먹고, 가격 부담 없이 먹고, 친절한 분위기에서 먹어도 매출이 뜨지 않는 경우도 있다.

그래서 장사가 쉬우면서도 어렵고, 아는 것 같아도 도통 모르겠는 것이다. 그것이 말처럼 딱딱 맞아 떨어진다면, 책 100권 읽고 시작한 식당은 어렵지 않게 백전백승을 할 것이다. 장사가 나름의 공식과 계산대로 딱 맞아 떨어진다면 말이다. 하지만 세상은 그렇지 않다. 누가 봐도 참 잘하는데 힘든 식당이 있고, 노하우나 경험이 미천해 별거 없음에도 오픈부터 줄을 세우는 식당도 있다.

그렇게 더딘 결과, 힘든 고생으로 지치느니 오랫동안 고생해서 판 우물임에도 때로는 다른 구멍을 새로 파야 할 때도 있다. 마지막 고비라고 한 번만 더, 한 번만 더의 늪에서 빠져나오려면 그 참에 다른 구멍을 새로 파는 것도 나쁘지 않은 결정일 수 있다.

식당, 생각을 깨야 이긴다

Part 3

컨설턴트의
생각을 말하다

제가 평소 강조하는 '장사의 개념'을 쉽게 설명하
면 이렇습니다. 라면과 떡라면 이야기입니다. 제가 장사의 개념에서 가
장 중요하게 말하는 포인트입니다. 이 개념 하나만 잘 잡으면, 사실 모
든 건 술술 풀릴 수 있습니다.

〈라면 3,000원 vs 떡라면 3,500원〉
1. 라면을 더 팔기 위해 만든 것이 떡라면입니다. 라면만으로는 경쟁력
   이 없어 보인다는 판단 때문이었겠지요.
2. 그래서 중요한 포인트가 떡라면을 팔아 더 남긴다는 생각은 버려야
   합니다.
3. 1번을 위한 2번의 개념이 잡히면 떡라면의 500원은 남기지 않아도
   됩니다.

　　대한민국에서 떡을 원가로 500원어치 몽땅 넣어주는 라면집은 없습
니다. 없으니까 만일 그렇게 준다면 손님은 양이 많은 떡라면을 찾게
됩니다. 그래서 라면은 팔리지 않고, 떡 500원어치가 몽땅 들어간 떡라
면만 팔립니다. 그렇게 라면은 0개 팔리고, 떡 500원어치가 몽땅 들어
간 떡라면은 하루 300개씩 팔립니다. 하지만 수익은 라면 300개 판 것
과 똑같습니다. 라면 판 것과 떡라면을 판 수익이 같으면 어떤가요? 하
루에 300개를 팔았는데 말이죠.
　　떡라면에서도 기어이 이익을 남기려는 집은 라면이 겨우 하루 50개,
떡라면이 간신히 하루 10개쯤 팔립니다. 500원을 더 받는 떡라면에서

400원을 남기려 한 결과가 초라해집니다. 그냥 라면이야 당연히 특징이 없을 테고, 떡 100원어치 정도가 전부인 떡라면 역시 특징은커녕 아무런 도움이 되지 못하는 메뉴가 될 뿐입니다.

이게 바로 떡라면론이고, 이 개념을 모든 메뉴에 적용하면 아주아주 무서운 카드가 만들어집니다. 이런 방식으로 주력을 돕는 메뉴에 원가를 강하게 투입하면 막강한 가성비가 만들어지기 때문입니다.

장사의 개념을 코치하니까 승률이 올랐습니다. 마케팅이나 홍보의 아이디어를 주지 않고 스스로 개념을 깨서 저마다 식당에 어울리는 무기를 만들어 내니까 열에 여덟이 망하는 작금의 시대에 거꾸로 승률이 8할인 컨설턴트로 변모했습니다. 문제를 풀어가는 과정을 스스로 터득하면 성적이 오르는 것과 같은 이치입니다. 그런 컨설팅을, 코칭을 21년째 하고 있습니다. 점점 더 간단하고 쉽게 기존의 허망한 상식을 척척 깨오다 보니 이렇게 15번째 책을 쓰게 되었습니다.

01

하늘이 도와준 퇴직

'고려당'에 이어 입사한 두 번째 회사가 '큰길'이었다. 핫바를 만드는 '큰길식품'의 모회사로, 입사서류를 넣을 때는 '해태관광주식회사'였는데 입사 후에 회사명이 바뀌었다. 나름 대한민국 사람이라면 누구나 다 아는 '해태'라서, 서류전형을 통과한 '삼화페인트' 면접도 포기하고 들어갔는데 꼬여버렸다. 그래도 회사가 폼나는 강남 한복판, 그것도 호텔 옆 사옥을 가진 곳이어서 신나게 회사를 다녔었다.

하지만 역시나 1년쯤 지나자 회사에 다니기 싫어졌다. 나는 원래 끈기가 없는 편이다. 어느 정도 배우면 그 이상을 넘어서질 않는다. 거기다 본부장의 작태도 꼴 보기 싫었고, 그저 하루를 어제처럼 사는 선배들의 모습도 지겨웠다. 그런데 당시 갓 결혼을 한 신혼이라 명분이 없었다. 아내에게 '회사 그만두고 뭘 할게'라는 명분과 더불어 당연히 돈도 없었다. 그저 그렇게 아무 의미 없는 직장생활로 시간을 보내던 중 〈신동엽의 신장개업〉이라는 프로그램이 시작했다. '망한 식당을 살려준다'는 취지의 프로였는데 당시 꽤나 반향이 컸다. 집에서 누워 그걸 보는데, 저게 앞으로 내가 할 일이라는 이상한 느낌이 들었다. 컨설팅이 뭔지도 모르고, 어떻게 해야 죽어가는 식당을 살릴지도 모르면서 막연히 저 일이 내 일이라는 요상한 감정이 피어올랐다.

당시 회사에서 내가 맡은 업무 중 하나가 판촉이었다. 전국에 흩어져 있는 20여 개의 빅웨이햄버거 매장에 철마다 시즌 행사를 기획하는 것도 업무 중 하나였다. 능력도 없는데 어쩌다 가맹점에서 부르면 내려가 햄버거 잘 파는 방안에 대해 고민하는 흉내를 내던 차였던지라 〈신동엽의 신장개업〉에서 보는 컨설팅은 회사를 다니기 싫던 나에게 아주 안성맞춤한 그럴싸한 명분이었다.

하지만 이제 막 결혼을 한 초보 가장, 아내가 있는 28살인지라 그 결정은 역시 쉬울 수 없었다. 아내를 설득할 재주도 없었고, 뭔가를 해볼 구체적 계획이나 자본도 전혀 없었다. 그저 회사에 다니기 싫기만 한 28살 철부지였다. 그런데 운명적으로 기회(?)가 왔다. IMF 외환위기가 터졌고, 회사에서는 과장과 대리들이 주축이 되어 2년 차인 우리들을 내보낼 모종의 계획을 세우고 있었다. 그리고 거짓말처럼 1998년 4월 1일 만우절에 퇴직 통보를 받게 되었다. 절대 잊혀지지 않는다. 만우절에 회사를 잘린 경험은 흔치 않을 테니 말이다. 어지간해서는 그다음 날 말해줘도 되련만 뭐가 그리 급한지, 아니면 만우절을 핑계로 퇴직의 무거움을 가볍게 하려는 고단수 의도였는지는 따지지 않아서 모르겠지만, 하여간 나는 원하던 퇴직을 드디어 하게 되었다.

같이 퇴직을 하게 된 동기들은 하늘이 무너진 표정으로 한숨을 쉬었지만, 나는 속으로 웃었다. 내가 원한 퇴직이 아니라 시대를 잘못 만난 퇴직이라는 명분을 얻었기 때문이었다.

02

책을 쓰자

당시 〈신동엽의 신장개업〉에는 여러 명의 컨설턴트들이 출연했는데, 그중 김상훈 소장이 가장 기억에 남았다. 컨설턴트라는 직업으로 나온 사람은 그분이 처음이었던 걸로 기억한다. 그래서 컨설턴트가 뭐고, 컨설팅이 무엇인지 알아봤다. 그런데 정보가 부족했다. 1990년대 후반에는 대한민국에 창업컨설턴트라는 직업을 가진 사람이 손에 꼽을 정도였다. 그만큼 직업적 돈벌이로는 아직 시장이 없던 시기였다.

끈기가 없는 만큼이나 숫기도 없었다. 특히 배움을 위해 머리를 굽히는 것은 지극히 당연한 데도 그걸 싫어했다. 그 덕분에 혼자서 독학이라는 긴 고생을 감내해야 했는데, 지금 생각하면 너무 외골수로 결정한 치기배였지 싶다. 찾아가서 묻고 배우면 훨씬 빨랐을 텐데 말이다. 하지만 그렇게 독학으로 익힌 컨설팅은 지금 큰 자산이 되었다. 당시는 힘들었지만 하나부터 열까지 일일이 발품으로 확인하고 얻어낸 경험들은 절대 잊혀지지 않는 법이니까 말이다.

아내가 말했다.

"자기가 해보겠다니까 뭐라고는 안 하겠는데, 자기 나이에 40, 50 먹은 장사꾼들을 납득시킬 수 있겠어? 자기가 신동엽처럼 유명인도 아니고, 저기 나오는 컨설턴트처럼 경력이 있는 것도 아닌데 그 컨설팅이라는 게 먹히겠어?"

지극히 당연한 말을 해준 아내 덕분에 책을 써보기로 했다. 원래 글쓰기에 취미나 소질도 있던 터라 책을 쓰는 일은 어렵지 않았다. 문제는 이 책을 끝맺음할 수 있을지, 끝맺었다고 해도 누가 책을 내주기나 할지 궁금했지만, 직장엔 다니기 싫었고 가장이 빈둥거릴 수는 없는 노릇이니 책 쓰기를 핑계로 돈벌이를 멀리했다.

책을 쓴다는 핑계로 프랜차이즈 회사에 취업을 했다. 컨설팅은 내가 아는 영역이 아니고 배워야 하는 영역이라 쓸 내용도 없었지만, 프랜차이즈는 '고려당'과 '큰길'에서 보고 익힌 것이 있어서 뭔가를 쓰는 일이 어렵지 않았다. 대신 남들과 같은 방향을 주제로 잡아서는 팔리지 않을 거라는 판단에 프랜차이즈 뒷이야기를 쓰기로 했다. 가제는 〈엉터리 프랜차이즈〉였다. 그야말로 프랜차이즈 본사의 구린 이야기를 써보자는 의도였는데, 당시 '큰길'에 있던 본부장이 그 롤모델이 되어 주었다. 얼마나 업체들을 닦달하면서 뒷돈을 뜯어먹는지 혀를 내두를 지경이었기에, 그 본부장이 하는 작태만 나열해도 책 쓰기는 일도 아니었다. 1년간 10여 곳의 위장취업(3일 다닌 회사도 있었고, 폭로가 목적이어서 신생이거나 사람을 자주 뽑는 부실한 본사에만 서류를 넣었다)을 통해 원고 작업은 끝났다. 그리고 수십 곳의 출판사에 메일을 보냈는데 신기하게도 한 곳에서 연락이 왔다.

실용서를 주로 내던 출판사였는데, 그쪽에서 두 가지 조건을 달고 출간하기로 했다. 첫째는 제목이 너무 부정적이라서 〈거꾸로 보는 프랜차이즈〉로 바꾸는 것과 둘째는 원고가 너무 거치니까 출판사에서 원고를 전체적으로 순화해도 괜찮겠냐는 조건이었다.

난생처음, 그것도 서른도 안 된 사회 경험을 가진 자의 책을 내준다고 하는데 마다할 리 없었다. 그렇게 첫 책이 탄생했다. 물론 지금 읽어도 그 책은 내가 쓴 느낌은 여전히 없다. 남이 쓴 책을 읽는 느낌이 솔직하다. 하지만 원고의 내용 자체가 변한 건 없었고, 당당히 계약금도 받고 팔리는 만큼 인세도 받는 조건이었다. 그날 얼마나 기쁘고 즐거웠던지 지금도 잊지 못한다. 밥벌이도 하지 않고 책이란 걸 쓰겠다고 바둥거리는 남편을 위해 신혼의 살림을 버겁게 이어가던 아내도 이제는 고생 끝이라고 생각했는지 엄청나게 기뻐했던 기억이 난다. 덕분에 이렇게 명함에 박을 석 줄을 가지게 되었다.

고려당 점포개발

큰길 빅웨이 판촉·마케팅

〈거꾸로 보는 프랜차이즈〉 저자

03

독학으로 익힌 컨설팅

첫 책은 2000년에 출간되었지만, 컨설팅은 사실 1998년부터 시작했다. '큰길'을 퇴직하자마자였다. 다만 그걸로 돈을 벌어본 적은 없었고, 독학으로 컨설팅을 익히던 시간이었다. 겨우 책이 나온 후에야 1년에 몇 번 컨설팅 흉내로 돈을 만져봤다. 지금이야 그때 의뢰한 분들에게 대단히 미안하고 죄송하지만 그때는 정말 그게 컨설팅인 줄 알았으니 양해를 바란다.

당시에는 '식당 컨설팅'에 대해 알려주는 책이 없었다. 물론 지금도 그런 책은 없는 것으로 알고 있다. 장사에 대해서는 알려줘도, 식당 컨설팅은 이렇게 하는 거라고 알려주는 책은 없다. 지금 쓰는 이 책도 역시 컨설턴트가 되는 법하고는 무관하다. 눈치껏 배우는 수밖에 없다. 그러다 보니 다양한 기술과 기교 혹은 진심을 담아내어 고객에게 전달하는 방법을 알려주는 것은 솔직히 불가능하지 싶다. 그만큼 '식당 창업' '식당 경영'이라는 것은 무궁무진한 변수가 있기 때문이다. 다만 핵심은 간결하다. 바로 '이타'다. 전문가로서 쉽게 등쳐먹는 재주가 아니라, 전문가니까 정확한 길잡이를 해서 성공은 어렵더라도 실패는 막아주어야 한다. 잠시의 이득보다는 긴 이윤을 위해 훈수를 두어야 한다. 당장의 매출 성과로 자신의 주가를 올리기보다는, 자신의 지혜가 더 이상 필요치 않게끔 많은 것을 솔직하게 보여주어야 한다. 그게 창업컨설턴트로서의 이타라고 생각한다.

그 당시 이형석 원장님이 1세대 컨설턴트로 입지가 있었다. 그분이 이끌던 '비즈니스유엔'이라는 사이트를 통해서도 배웠고, PC통신 넷츠고를 통해 전화비를 엄청나게 물어가면서 정보를 쌓았다. 장사와 관련된 책은 모조리 읽고 또 읽었다. 그리고 읽은 것으로만 그치는 것이 아니라 내 것으로 체득하는 작업이 필요했다. 그래서 50만원을 주고 홈페이지를 만들어 누가 보지도 않는 글들을 매일 정리했다. 그냥 내 생각, 내가 책에서 읽은 포인트를 밤을 새워 가며 정리했다. 돈도 되지 않는 일인데 매달렸다. 지금 운영하는 〈맛있는 창업〉은 2003년에 만들었는데, 다행히 2003년도부터 쓴 글들이 버려지지 않고 사이트에 남아 있다. 나의 증거이고, 이렇게 살아왔다는 증명이다.

두레비즈니스의 박균우 소장님, 연합창업지원센터의 최재희 소장님과 당시 친하게 지내며 많은 도움을 받았다. 옆에서 배울 수 있는 건 최대한 배워냈다. 이후 작은가게연구소 심상훈 소장님이나 〈신동엽의 신장개업〉에서 TV로만 바라보던 김상훈 소장님과도 연을 쌓으면서 창업컨설턴트 2세대 시기를 보낼 수 있었다. 책을 왜 그리 많이 내냐고 꾸짖

식당, 생각을 깨야 이긴다

던 선배도 있었고, 앞에서는 선비인 척하면서 뒤로는 별별 호박씨를 까던 선배들도 봤다.

창업을 준비하는 분들에게 당부하고 싶다. 제발 창업에 앞서 책 20권 정도는 읽고 시작하자. 한 달이면 충분하다. 새로운 시작을 준비하면서 어쩌면 그렇게 책 한 권도 제대로 보지 않고 무작정 덤벼드는지 딱하고 안타깝다. 어느 책이 좋은지는 따지지 말자. 그냥 닥치는 대로 봐라. 보면 걸러진다. 타당한 이야기도 있고, 말도 안 되는 허접한 책도 있다. 필자의 책 중에서도 4번째 쓴 책은 절대 권하지 않는 책이다. 대한민국에서 마진이 좋은 업종 책을 써달라는 출판사 제의에 알지도 못하는 업종을 신문에서 본대로 짜깁기를 해서 쓴 책이다. 필자 역시 누구에게 사보라는 말도 못했던 그런 책도 써봤다. 그러니까 읽는 건 얼마든지 넘치게 읽어도 무탈하다. 나쁜 건 나쁜 대로 도움이 되니 말이다. 자식에게는 책 보라고 그리도 잔소리하는 부모가 정작 자신의 인생이 걸린, 가족의 전부가 걸린 창업을 하면서 책도 제대로 보지 않고, 도움을 줄 멘토를 두루 찾아보지도 않는다는 건 큰 죄다. 실패가 분명할 테니 죄를 짓는 것이다.

책을 통해 컨설팅의 의미를 알았고, 수많은 정보를 모아 내 것으로 정리했다. 가르쳐 주는 사람이 없으니 일일이 직접 정리를 해야 했다. 그 시간이 지금은 아깝지 않지만, 당시 아내는 피가 말랐을 것이다. 그래서 급기야 아내가 직접 식당에 나가야만 했다. 남편이 벌지 못하니까 아내라도 벌어야 먹고 살 수 있었으니 말이다.

04
'식당 컨설팅'이란 무엇인가?

초기엔 식당 컨설팅이 마케팅인 줄 알았다. '판촉, 이벤트, 꺼리'를 통틀어 마케팅이라는 범주에 넣으면 그걸 잘해서 식당이 잘되게 하면 되는 줄 알았다. 식당에서 손님이 지불하는 가치가 뭔지도 모르고 그저 뭔가 혹하게 만드는, 그동안 보지 못했던 행사를 하면 되는 줄 알았다. 그래서 온갖 아이디어를 짜냈다. 저금통을 가지고 하는 적립마케팅, 대리운전비 이벤트, 테이블 아래에 숨겨 놓은 보물찾기, 3+1은 공짜, 방문날짜와 생일이 같으면 선물 등등 별별 것을 다 생각해 봤다. 의뢰를 받은 적이 없으니 실제 시도를 해본 것은 미미했지만 하여간 그게 컨설턴트의 무기라고 생각하고 아이디어를 마음껏 정리하곤 뿌듯해 했던 그 모습이 떠오른다. 물론 그런 것들로 잔잔한 재미를 보기도 했었다. 소액이었지만 컨설팅비용이라고 받은 만큼 정도는 해냈으니까 아예 엉터리는 아니었다. 하지만 그게 전부였다. 더 이상은 없었다. 컨설팅을 받은 식당 역시 더 이상 나아짐이 없었다. 그러

식당, 생각을 깨야 이긴다

니 일감은 더더욱 생기지 않았다. 좋은 결과가 소문이 나서 고객이 이어져야 하는데, 그냥 누가 봐도 딱 거기까지인 이벤트성 아이디어였으니 그게 한계였다.

점심과 저녁 메뉴의 구성도 부끄럽다. 당시 점심이 강한 식당엔 저녁 안줏거리를 하라고 권했고, 저녁이 강한 식당엔 점심 특선을 만들어야 한다고 했다. 주방의 크기, 점주의 경험, 경쟁자와의 차별성은 생각도 못하고, 그저 누구나 다 예측하는 점심과 저녁의 구성으로 메뉴판을 복잡하게 만들었다. 대신 예쁘게는 만들어 줬다. 다른 집과 비교해 메뉴판과 전단지는 예쁘게 만들어 줬으니 당시 고객들 역시 그런 점에서는 만족했던 거 같다.

〈맛있는 창업〉 홈페이지의 초기 내용을 보면 그런 것들의 나열이다. 그냥 아이디어 차원에서 괜찮은 것들의 기록들이다. 그 괜찮은 재료들을 가지고 지금은 뭔가를 하지 않는다. 그럼에도 승률은 말할 수 없이 높아졌다. 비비 꼬는 아이디어가 아니라, 그냥 보여지는 감정의 진솔함만 담았을 뿐인데 당시 승률이 1할도 아니었다면 지금은 8할, 때로는 9할도 넘본다. 물론 승률이 높은 이유는 성공 가능한 일만 하기 때문이다. 돈을 준다고 무조건 일하지 않고, 돈 된다고 덥석 능력 밖의 것을 탐하지 않아서 생긴 높은 승률이지만, 방송에서 떠드는 어쭙잖은 컨설턴트들보다는 나의 승률이 단연코 높다고 감히 말할 수 있다. 물고기 잡는 법보다는 그물을 짜는 법을 알려주는 길로 차원이 다른 탓이다.

식당 컨설팅은 제압의 싸움이다. 상대방을 이겨야 한다. 상대방은 식당을 하는 사람이고, 컨설턴트는 식당을 하지 않는 사람이다. 하지 않는 사람이 하는 사람을 이겨야 따라오게 된다. 지면 당연히 따르지 않는다. 하자는 대로 하지 않고 자기 식대로 한다. 그럼 컨설팅은 하나 마나다. 그래서 제압해야 한다. 하게끔, 인정하게끔, 수긍하게끔, 실행하게끔 해야 한다. 그게 바로 식당 컨설팅이다.

식당이 손님을 제압해야 단골로 삼을 수 있다. 손님이 달라는 대로 매번 질질 끌려가서는 먹고살기가 곤궁해진다. 내 돈으로 차린 식당에서 주인이 머슴 노릇이나 해서야 돈을 벌 리가 없다. 그래서 식당이 손님을 이끌고 가야 한다. 그게 번성과 빈궁의 차이다. 이기려면 상대를 먼저 제압해야 한다. 손님은 4명이 3인분 찌개를 먹고 싶어 한다. 그걸 미리 눈치채고 4인분을 주문받지 않으면 손님은 기가 꺾인다. 굳이 궁핍한 이유를 댈 필요가 없으니까 식당을 노려보지 않는다. 고기를 먹고 추가를 했으니 뭔가 더 주면 좋겠다는 손님의 심정을 눈치채고 공격하면 손님은 행복해 하고 기꺼이 지갑을 더 연다. 그런 게 바로 제압이다. 옳은 것을 먼저 실행해 손님이 돈을 내면서 식당에 손 내밀게 하는 것이 제압의 기술이다. 아무리 강한 바람이 불어도 외투를 벗지 않는 여행자라는 것을 우리는 알면서, 실제 장사에서는 따뜻한 햇살로 공격할 생각이 없다. 아니, 못한다.

바로 그걸 알려 주는 것이 식당 컨설팅이다. 나는 그걸 할 뿐이다.

식당, 생각을 깨야 이긴다

05
컨설팅에서
상권의중요성

한때는 공인중개사들을 모아놓고 상권에 대한 강연도 하고, 전국 소상공인 상담사들에게 상권 접근법도 강의를 했었다. 어디서 따로 상권에 대한 교육을 배운 것은 아니었지만, 남들에게 강의를 할 정도의 지식과 방향은 있었다. 물론 사회 초년생 시절 '고려당'에서 점포개발 업무를 해보긴 했지만, 그거야 그저 수준으로 따지면 고등학생 수준이었으니 큰 도움이 되질 못했다. 다만 경험을 통해, 곁눈질의 습관에서 얻은 결론은 몇 가지가 있었다.

보행방향의 왼쪽 자리가 좋다. 사람들은 시선을 반좌로 두고 걷는 습관, 왼쪽을 보호하기 위해 자연스레 그런 걸음습관을 가졌기 때문이다. 또 노점이 많은 곳에 소비가 이루어지는데, 그 이유는 노점은 물건을 사라고 강요도 안 하고, 지붕이 없는 노점을 하는 사람들이 가진 소비본능 위치가 그러하다는 논리를 펴기도 했다. 상권 시작점은 첫 번째보다는 서너 번째가 좋은데, 그 이유 역시도 첫 선택에서부터 무조건 지갑을 열기엔 부담이 되기 때문이라는 이유로 설명했다. 하여간 상권 강의로만 반나절은 족히 떠들어도 막힘이 없는 지식과 경험은 가지고 있었다.

그런데 문제는 그렇게 상권 분석에 맞춤한 자리를 찾으려면 돈이 든다는 거였다. 창업자는 돈이 없는데, 그런 자리를 찾는 것은 현실적으로 불가능하고 말도 안 되는 소리였다. 그래서 우리는 최선이 아닌 차선이라는 명목으로 상권 논리를 대입해 자리를 권하는데, 이미 차선이라는 뜻은 경쟁력의 부재 혹은 상실이다. 최선의 자리에 경쟁자가 이미 가득한데, 차선 아니 차차선의 입지에서 그들과 싸워 이겨내라고 하는 것 자체가 말이 되지 않는다. 앞길에서 장사하는 사람들은 바보인가? 뒷길에서 이기고 있는 경쟁력을 그들이 금세 카피해서 복제하면 그만이다. 그럼 어차피 사람 왕래가 많은 앞길에서 뒷길로 뺏길 이유가 없는 것이다.

그래서 당시 필자가 컨설팅을 해준 개업식당들은 그냥 그저 그랬다. 생존은 그들의 운이고 몫이었다. 나는 그저 차려준 정도가 전부였다. 지금도 크게 다르지는 않지만, 대신 지금은 확실한 방향을 제시해 준다. '이것만 지키면 온다' '여기서 무너지면 끝이다'는 겁박도 한다. 하지만 그때는 그런 기준도 없이 그저 주어진 돈에서 이 자리 오픈이 최선이라고만 말해야 했다. 온리원이라는 무기도 가지도록 하지 못했고, 가성비라는 것도 몰랐다. 그저 점심과 저녁의 다양하고 적당한 메뉴 구성과 예쁜 메뉴판, 눈에 띄는 간판 정도로 내 소임을 다했었다.

식당, 생각을 깨야 이긴다

지금도 상권에 목을 매는 분들이 많다. 그나마 언젠가부터 불거진 젠트리피케이션 덕분에 많이 줄기는 했어도 여전히 특수상권에 목을 매는 분들이 넘치고, 유동량 많은 특급상권이 노다지인 줄 알고 과감히 수억의 권리금과 기천만원의 월세를 알고도 뛰어드는 것을 볼 때마다 짠하다. 식당은 적어도 다른 장사와는 달리 돈 놓고 돈 먹는 게임이 아니다. 식당은 제조업이자 서비스업이다. 여기서 중요한 차이점이 하수는 식당을 제조업으로 생각해 맛에 집중하고, 고수는 식당이 서비스업이라고 판단해 맛있게 먹도록에 방점을 둔다는 점이다.

권리금을 높게 주고 들어갔다면 나올(빠져나올) 때 반 토막은 기본이라고 생각하면 된다. 규모에 비해 월세가 누가 봐도 높다면 나올(빼고 싶을) 때 권리금은 거의 건질 것이 없다고 단정해도 괜찮다. 그게 사실이고, 현실이다. 2000년대 후반까지만 하더라도 권리금을 주어야 하는 입지가 안전한 창업의 길잡이였다면, 지금은 괜한 돈을 날리고 시작하는 것일 뿐이다. 사회가 발전할수록 상권의 범위는 의미가 없다. 주 5일 근무로 인해 목요일이 불타는 소비 날이 된 지 오래다. 토요일, 일요일은 동네에도 사람이 없다. 손님이 되어 줄 사람들이 외부로 나가고 있음은 당신이 사는 동네가 어디건 비슷할 것이다. 거기에 당신 역시도 나들이로 주말을 즐겁게 보냈을 것이 분명하다. 매번은 아니어도 적어도 한 달에 한두 번은 그러했을 것이다. 이제 상권에 집착하는 것은 바보다. 어리석어도 한참 어리석을 뿐이다. 오게끔이 되어야 한다. 찾아오도록 만반의 준비를 갖춰야 한다.

06

컨설팅에서
메뉴의 중요성

소양이 부족하고 한 방에 관심이 있을 때는 나도 특이한 아이템에 관심이 많았다. 혹여나 그게 터져서 연달아 좋은 일이 있기를 바라면서 아이템을 찾아다녔다. 그런데 사실 그런 게 있을 리도 만무하고, 있다고 치더라도 음식 자체를 모르는 사람의 입장에서 푸는 건 더더욱 벽이었다. 지금이야 대중적이고 익숙한 음식을 손님의 관점에서 비트는 것으로 충분히 강소식당을 만들어 낼 수 있지만, 당시엔 뭔가 획기적인 것에 목말라 했었다.

컨설팅은 결과물이 중요하다. 승률이 얼마나 되는가도 의미 있다. 그러다 보니 양손의 떡을 다 잡아야 한다는 철부지 생각에서 벗어나기 힘들었다. 세상엔 경쟁자가 수도 없이 많고 고수도 즐비한데, 초보 컨설턴트가 그 무림의 세계를 경험해 보지도 못하고서 싸워보겠다고 덤볐으니 얼마나 한심했을까 싶다. 그 사람의 형편과 입장을 생각지도 못했다. 그저 아이디어를 구체화해 보려고 애만 썼다. 그러니까 막히고, 그러다 결국 부러졌다. 당연했다.

십수 년 전 '밥&호프'라는 식당이 강남 뒷골목에 있었다. 점심엔 밥, 저녁엔 호프를 파는 식당이었다. 그땐 그게 왜 틀렸는지를 모르고 클리닉을 한다고 덤볐으니 답이 나올 리 없었다. 무조건 무엇을 하던 점심이 주력이면 저녁에 보쌈이나 닭볶음탕을 하라고 권했고, 저녁이 주력인 식당이라면 점심으로 백반을 권했다. 매일 반찬이 다른 백반을 하라고 했다. 주방의 크기, 점주의 경험치도 무시하고 오직 내가 아는 크기의 생각대로만 권했다. 그 틀에서 벗어나지 못하고 그 틀로만 숙제를 풀려고 했다. 그런데 지금도 다수가 이걸 답습한다. 그래서 얼굴이 화끈거린다. 절대 나아질 수 없는 카드를 가지고 문제를 풀라는 조언이 동업자로서 부끄러워서다.

점주 입장에서는 하고픈 메뉴가 있다. 반드시는 아니어도 대략은 있을 수 있다. 그런데 그 이유를 들어보면 대부분은 '어디서 그걸 하는데 아주 잘 되더라'가 전부다. 자신이 할 줄 알아서가 아니라 '봤는데 잘되더라. 그러니까 나도 그걸 하면 돈을 벌 거 같다'는 것이 이유다. 그래서 점주의 희망사항은 차단해야 한다. 점주의 콩깍지에 컨설턴트가 동조하는 순간 승률을 깎아 먹을 뿐이다. 물론 승률을 위해서 하는 일은 아니지만, 승률이 곧 의뢰인의 열매다. 돈을 준 의뢰인은 번성식당의 열매를 얻어내야 한다. 그렇다면 본인들도 고집을 버리고 냉정하게 업종을 살펴봐야 한다. 내가 할 수 있는지, 경쟁자가 얼마나 생길지, 오래 갈 수 있는지, 규모에서도 밀리지 않을지 등등을 따져봐야 한다.

뜨는 업종은 누구나 관심을 갖는다. 정보가 열려있기 때문이다. 그 사람들도 모두 다 돈을 벌려고 한다. 그러니 정보의 공유는 당연한 일이다. 그리고 동시에 뛰어든다. 자본의 차이로 앞길이냐 뒷길이냐, 1군 브랜드냐 2군 브랜드냐의 차이만 있을 뿐이다. 돈 놓고 돈 먹는 게임의 시작이다. 체인 본사로서는 아주 좋은, 흥미로운 출발이다. 판은 깔렸다고 보는 것이다.

누구나 다 하는 업종이 편하다. 그래야 문턱이 낮다. 보편적인 손님을 상대하는 것이 장사다. 특수한 지위나 소비력을 가진 사람을 상대하는 장사는 평범한 창업자가 할 수 없기 때문이다. 따라서 내 삶과 비슷한 손님을 다루려면, 나도 익숙하고 손님도 익숙한 그것이면 된다. 다만 그것을 지금과는 다른 방식으로 풀어내면 된다. 내가 손님일 때 경험했던 불쾌한 감정을 벗어나는 일이 바로 그것이다. 내가 여럿이 함께 갔을 때 찌개 하나를 굳이 4인분 시키지 않았으니까 그걸 실천하면 된다. 고기를 먹다가 추가를 하면서 달라는 된장찌개에 돈을 달래서 찡그렸던 기억의 반대로 하면 된다. 회덮밥에 회는 눈곱만큼 들어가 야채만 먹었던 기억에서 반대로 완성하면 된다.

그럼 그것만으로 충분히 업종에 대한 고민은 끝난다. 손님으로서 경험했던 그 무수한 것들을 내 장사의 교본으로 삼으면 된다. 손님으로서 반갑고 고마웠던 것, 손님으로서 인상 찡그려지던 것, 손님으로서 질색이었던 것 등으로 구분해서 그 업종의 방향을 정하면 된다. 이게 어려울 리 없다. 만일 이게 어렵다면 공부를 해서라도 그것이 쉬워지도록 시간을 투자해야 한다.

　　　　　　　　　　　식당, 생각을 깨야 이긴다

좋은 멘토를 찾아서 시간을 허비하지 말아야 한다. 시간은 많다. 오픈을 서두르지 않을수록 나에겐 좋은 기회의 시간이 넘친다. 무턱대고 덤벼서 시간이 급한 것뿐이다.

무엇을 팔 것인가는 중요하지 않다. 오직 어떻게 팔 것인가가 중요할 뿐이다. 장사의 본질이 바로 그거다.

07

'관여도'를 식당에 적용해 보면…

나 역시 몇 번의 창업을 실패하고, 그 이유를 분석해 보다 '관여도'를 알게 되었다. 2010년에서야 관여도를 깨달으며, 이후 강의의 모든 주제를 관여도로 풀었다. 마케팅 강연도 관여도로 풀었고, 상권 강의도 관여도로 풀었다. 심지어 메뉴 구성도 관여도로 풀어냈다. 관여도를 대입하니까 모든 것이 술술 풀렸다. 그 전에 몰랐던 모든 숙제가 그걸로 다 풀리는 신기한 경험을 했다. 그래서 4시간 정도의 관여도 강의를 말하듯이 글로 옮겼다. 생각한 게 아니라 강의로 늘상 말하던 이야기를 적은 것이라서 1주일 만에 쓸 수 있었다. 그것이 바로 〈장사, 이번엔 제대로 해보자(2012년 발간)〉라는 책이다. 이 책은 내 책 중 유일하게 2017년에 개정판 〈살아남는 식당은 1%가 다르다〉로 다시 출간되었다. 지금이야 〈식당의 정석〉이 나의 대표작이지만, 컨설턴트로서 존재감을 나 스스로에게 안겨준 책은 그렇게 2012년에 관여도를 통해 세상에 나왔다. 그 내용을 간단히 소개하면 다음과 같다.

　우리는 보통 김밥과 라면은 고민 없이 사 먹는다. 라면집이 아니어도 여러 가지 메뉴 중에 라면이 적혀 있으면 들어가 먹는다. 하지만 한우는 원뿔, 투뿔, 진짜 한우일까를 따지고 또 따진다. 살펴보고 물어보고 식당 앞에서도 온갖 고민을 하고 나서야 들어가는 게 한우집이다. 그러나 라면은 정말 맛이 없어도 그러려니 하고, 정히 못 먹겠다 싶으면 먹다 남긴다. 하지만 한우가 정말 형편없으면 온갖 곳에 험담을 쓰고, 환불은 안 되기에 질겨도 기어이 먹어야 한다. 안 먹고 남기면 내 돈만 아까우니 말이다.

　이처럼 지출에 대해 관여·생각·고민·간섭을 하는 게 바로 '관여도'다. 옷을 살 때도 형편에 따라 관여도는 다르다. 차를 타는 행위도 관여도다. 급하면 택시지만, 시간이 넉넉할 때 굳이 택시를 타지 않는 이유도 관여도에서 그래도 좋다고 판단한 탓이다.

　사람들이 작은 식당에 들어서면서 큰 지출을 생각하지 않으니 작은 식당에서 비싼 메뉴를 파는 건 그래서 옳은 일이 아니다. 어차피 팔리지 않는다. 본인도 작은 식당에서 10만원 이상을 먹어 본 적이 없을 테니 말이다. 시설이 남루한 곳에서도 많은 지출은 하지 않는다. 선술집에서 기십만원을 쓴다면 그건 바보거나 아는 사람이라서 그냥 팔아준 거다. 원해서 쓴 지출은 절대 아닐 것이다. 첫 차를 사는 사람에게는 아무리 경차라 해도 인생 최대의 고민이 된다. 고르고 또 고르고, 비교하고 또 비교해야 한다. 하지만 새 차 중독증인 사람에게 차 선택은 그저 유희일 뿐이다. 사서 별로다 싶으면 다시 바꾸면 되는 일일 뿐이다.

자주 소비하는 것에는 큰 관여(고민, 생각, 염려, 걱정)를 하지 않는다. 작은 소비 역시 깊은 관여를 하지 않는다. 그래서 상대성이 있는 것이 관여도다. 하지만 그 상대성을 현명하게 풀어야 관여도의 공식이 완성된다.

나(자신)를 기준으로 하지 말고 내 음식을 먹어줄 손님을 기준으로 해야 한다. 내가 차릴 입지에 따라 선택해야 한다. 내가 투자할 시설에 맞게 정해야 한다. 내 식당의 크기도 그 안에 담아야 한다. 시설이 크고 화려한데 메뉴판은 조악하다면 그것부터 고쳐야 한다. 반대로 규모가 작고 시설도 허름하다면 메뉴판에 큰돈을 들일 이유가 없다. 일부러 찌그러진 양푼을 찌개냄비로 써야 하는 것도 바로 관여도 탓이다.

자주 하는 소비, 작은 소비는 분명히 관여도의 척도다. 그런데 거기서 멈추면 안 된다. 관여를 하게 만들어야 팔린다. 남들과 같은 것을 팔아서는 관여도에서 멀어진다. 내 식당에 와야 할 이유가 하나도 없는데, 문을 연다고 손님이 올 까닭이 없다. 그래서 관여도를 잘 배치하면 차별점이 생긴다. 그 차별점이 바로 경쟁력이다. 그러자면 반드시 비틀어야 한다.

초등학교 때 미술시간에 꽃병을 정성껏 그렸다. 최대한 꽃병처럼 보이게 그렸다. 그런데 친구는 찌그러진 꽃병을 그렸다. 친구는 수를 맞았고, 나는 양을 맞았다. 그때는 몰랐다. 왜 그게 더 나은지를.

차별성을 만들지 못하면 눈에 띄지 못한다. 띄지 못하니 당연히 선택을 받을 수 없다. 소비가 되려면 선택 당해야 한다. 선택을 당하려면 뭔가 다름이 있어야 한다. 그 다름을 관여도에서 풀어야지, 무조건 전단지 많이 뿌리고 그릇을 최고급으로 쓰고 비싼 월급을 주는 쉐프에게 쓴

식당, 생각을 깨야 이긴다

다고 식당이 모두 잘되는 건 아니라는 것을 10년 고생을 하고서야 깨닫게 된 것이다. 이걸 깨닫기 전에는 앞길이든 뒷길이든 무조건 예쁘게 만드는 게 정답이라고 생각했다. 이걸 이해하기 전에는 작아도 커도 무조건 인테리어에 투자를 해야 한다고 알고 있었다. 이걸 간파하기 전에는 큰 식당과 작은 식당의 가격정책에서 할인과 덤의 차이가 있다는 것을 알지 못했다. 모르고 하니까, 그저 하니까 결과는 당연히 복불복이었다. 운이 좋으면 잘되고. 아니면 대체로 그저 그런 식당을 컨설팅하게 된 것이다.

관여도를 잘 풀면 색깔이 명확해진다. 써야 할 곳과 놔둬도 좋은 것의 구분이 생겨 지출에도 효율성이 생긴다. 같은 돈을 쓰고도 제대로 쓴 결과치를 얻을 수 있는 것이다. 그 관여도의 전부를 담은 책이 바로 〈살아남는 식당은 1%가 다르다〉이다. 거기서부터 모든 것이 출발된다. 성공과 실패가 어쩌면 시작부터인 이유가 바로 그것 때문인지도 모른다.

08

첫 성공작,
캐주얼초밥

지난 21년간 컨설팅을 하면서 대표적으로 성공시켜 시장을 변화하게 한 것이 바로 '캐주얼초밥'이다. 2011년 늦여름 아는 지인이 쌍문동의 작은 초밥집에 데리고 갔다. 자기가 이걸 해보고 싶은데, 사업성을 봐달라고 데려간 것이다. 겨우 10평 남짓한 작은 초밥집이었는데 손님이 넘쳐났다. 10개의 활어 초밥을 겨우 1만원에 팔았고, 회와 튀김까지 주는 정식은 18,000원이었다. 그 작은 주방에서 그걸 만들어 낸다는 것도 신기했고, 그 작은 초밥집에서 하루 수백만원을 파는 광경도 신기했다. 당시엔 100평쯤 되는 한정식집 정도 되어야 일 매출 300만원을 넘기는 것으로만 알던 우물 안 개구리였기에 그 광경을 눈으로 직접 보니끼 경이롭기까지 했다.

그 지인을 위해 사업안을 만들었다. 그런데 정작 그 지인은 더 이상 초밥에 관심이 없었다. 그래서 당시 창업을 준비하던 몇몇 사람에게 그 사업안을 보여줬는데 모두가 고개를 저었다. 일단은 전문 주방장이 있어야 하고, 그것도 생선을 다뤄야 한다는 것이 결코 쉬운 일은 아니었기에 충분히 그들의 거절을 받아들였다. 그런데 의외의 인물이 해보겠다고 손을 들었다. 큰 회사도 다녀봤고, 깨끗한 집도 있고, 아이들 생활비도 어느 정도 모아두었으니 그 어려운 도전을 자신이 해보겠다고 손을 내밀었다. 30~40평 칼국숫집을 차려 월수입 300만원이면 충분하다고 하던 그가 번쩍 손을 든 것이다.

그렇게 연신내에 첫 캐주얼초밥집을 오픈하게 되었다. 18평 규모에서 오픈하자마자 100만원을 팔더니, 순식간에 200만원, 300만원을 팔았다. 쌍문동 남의 식당에서 내가 본 광경을 내가 직접 차려 만들어 낸 것이다. 그 성공의 이유를 구체적으로 자세히 밝히진 않겠다. 당연히 연신내의 성공은 큰 관심을 불러일으켰다. 많은 창업자들이 기술자를 두고 경영해야만 하는 초밥에 관심을 갖기 시작했다. 나 역시도 2012년부터 〈맛있는 창업〉을 통해 만든 초밥집이 10여 개쯤 되었고, 대체로 성공이었다. 투자 대비 꽤나 풍작이었다. 그리고 곧바로 연신내에 이어 효자동초밥집도 대박을 쳤다. 그렇게 성공한 '맛초(맛창의 초밥집)'들로 인해 초밥 붐이 일었다. 서울과 수도권에 만든 10개의 초밥집이 불쏘시개가 되어 전국으로 퍼져가는 것을 보면서 '대한민국은 참 아이템이 거기서 거기구나' '역시나 따라 하는 데는 선수들'이구나 생각했다. 더불어 씁쓸했다. 자기가 하던 음식으로 푸는 것이 아니라, 유행·유망이라는 아이템에 덜컥 뛰어드는 꼴이 우스웠다. 심지어 창업 전문가라고 자처하던 사람들까지 필자를 찾아와 초밥집 창업에 자문을 해달라고 했다. 대중에게는 '창업의 신' '장사의 신'이라고 떠들던 사람들도 실상은 과거의 성적으로 포장된 허상 그것이었으니 말이다.

그런데 식당에서 일하던 주방장들이 직접 나가 초밥집을 차리는 일이 빈번해졌다. 매출은 자기들이 올리는데, 이익은 주인이 가져간다고 착각을 한 것이다. 그래서 나가서 차렸고, 당연히 망했다. 초밥집 실장으로 300~400만원의 월급을 받던 때가 그리울 정도로 실패를 맛봤다. 그럼에도 직원으로 일하다 초밥집을 차리는 그 현상은 여전히 이어졌다. 게다가 손님으로 왔다가 놀랄만한 매출을 올리는 풍경에 초밥집을 차리기도 했고, 여름이 힘든 횟집을 하던 가게가 여름에도 건재한 초밥집으로 바꾸고, 저단가 참치집을 하던 옆집이 바로 옆에 초밥집을 두고도 업종을 바꾸기도 했었다. 그렇게 한때 청정 블루오션이었던 초밥집들이 시뻘건 레드오션 시장으로 바뀌어 버렸다. 2015년까지가 성장기였고, 곧이어 2016년 성숙기를 찍더니 성장기보다도 역시 짧은 성숙기를 정점으로 2017년부터 지금까지 내내 쇠락기라고 감히 말할 수 있다. 아직도 뛰어드는 사람이 없지는 않지만, 나는 2015년 가을 '가락동초밥집'을 끝으로 더 이상 초밥집은 만들지도 컨설팅도 하지 않고 있다. 물론 지금도 '맛초' 중에는 20평도 안 되는 가게에서 건재하게 1억원을 넘기는 초밥집이 있을 정도로, 아직도 문전성시를 이루는 10평 초밥집의 전설은 여전히 진행 중이다. 그런 초밥집까지 폄하를 하는 건 아니다. 이제 새롭게 시장에 뛰어들어 식당으로 승부를 보려는 사람들이 무리하게 덤비는 것은 100% 자살골이 틀림없다는 말을 전하고 싶을 뿐이다.

09
두 번째 성공작, 피자 서비스

2012년 1월, 동네 파스타집에서 연락이 왔다. 내심 그 집을 지나면서 '이 식당은 나에게 연락만 하면 단숨에 고쳐줄 수 있는데…'라고 자신하던 식당이었다. 그런데 진짜로 그 식당에서 클리닉을 청한 것이다. 전화를 끊자마자 슬리퍼 차림으로 달려갔다.

역시나 주인은 장사가 신통치 않고 점점 매출이 쪼그라들자 가격 인하를 준비 중이었다. 동네라서 사람들이 파스타를 잘 먹지 않아서 천원씩 내릴까 고민 중에 연락을 하게 되었다고 고백했다.

우선 천원을 내렸다고 마음을 먹으라고 했다. 8,000원짜리 파스타를 7,000원에 파는 거라고 생각하라 한 것이다. 대신 내가 메뉴판에 파스타 가격을 9,000원으로 올릴 테니 걱정하지 말고 따라오라고 했다. 메뉴판은 9,000원, 주인 마음속은 7,000원인 셈이다. 그럼, 손님을 제압할 수 있는 2,000원이 생기는 것이다. 그래서 그 돈으로 파스타와 함께 팔던 1만원대 피자를 그냥 주라고 했다. 어차피 나가지도 않는 피자를 메뉴판에 1만원이 넘게 놔둬 봐야 약에도 쓰지 못하는 음식일 뿐이니까 그걸 무기로 쓰라고 했다. 그럼 손님은 완벽히 항복할 것이라고 자신했다. 그래서 파스타 2인분 이상을 시키면 피자를 그냥 줬다. 1인분에 2,000원이 생겼으니, 2인에 4,000원의 원가가 확보된 셈이고 그 돈이면 피자는 얼마든지 천연치즈를 쓰고서도 줄 수 있었다. 그래서 실제 한 달도 되지 않아 전단지 한 장 뿌리지 않았음에도 일 매출이 25만원에서 150만원으로 치고 올랐다.

점주의 소탐대실로 그 행복은 오래가지 못했지만, 어쨌든 그 이후로 피자는 모든 메뉴에 끼어들었다. 파스타집에서만 피자를 무기로 쓴 것이 아니라, 온갖 식당에서 다 쓰도록 했다. 그 이유는 간단했다.

1. 피자는 대체로 누구나 다 좋아한다. 남녀노소 누구나 싫어하지 않는다.

2. 정히 자신은 먹지 않는 피자여도, 포장으로 주면 그건 반가워한다. 공짜 피자 한 판을 누가 마다할까? 삼겹살집에서 고기 먹던 아저씨도 피자는 포장해서 신이 나서 가져갔다.

3. 도우를 또띠아로 받으면 반죽을 할 공정도 필요없고, 피자 토핑 역시 굉장한 노하우가 있는 게 아니라 누구나 쉽게 배울 수 있는 장점이 있다. 아무나 배우고 누구나 할 수 있는 음식이 피자다. 돈 받고 파는 전문점이 아니기에 더더욱 쉬운 게 바로 피자다.

4. 식당은 2인 이상이 온다. 따라서 1인당 확보한 2,000원이라면 얼마든지 고급지게 피자를 줄 수 있다. 심지어 피자 전문점의 그것보다 맛있다는 맛창 식당도 생겼을 정도다.

식당, 생각을 깨야 이긴다

그래서 당시 내가 만드는 식당에서는 으레 피자를 해야 했다. 안 할 이유가 없었다. 그것을 주는 것만으로 매출은 일정 부분 확보되었을 정도였기에 그걸 피할 이유가 없었다. 그렇게 2012년부터 시작한 피자 컨셉은 2014년까지 이어졌다. 그 덕분에 프랜차이즈 본사들마저 그 컨셉을 따라 하기 시작했다. 쭈꾸미집에서도 족발집에서도 짬뽕집에서도 따라 했다. 그래서 그 컨셉은 이제 유야무야 식상해져 버렸지만, 여전히 매력적인 컨셉의 카드임에는 틀림없다.

1,000원을 할인해 팔려던 식당 주인에게 오히려 1,000원을 더 받아내는 방안으로 바꾼 것은 '관여도'와도 맥락이 이어진다. 싸게 팔면 잠깐은 손님이 느는 것처럼 매출이 보인다. 하지만 손님이 원하는 것은 싼 것이 아니라 제대로 된 값어치다. 싸고 좋은 건 없다는 것을 너무 잘 알고 있다. 그저 재미로, 흥미로 몇 번 이용할 뿐이다. 그래서 무한리필은 그 생명력이 짧을 수밖에 없음에도 무한리필 붐에 정신없이 빠져드는 것을 보면 이제는 안타깝지도 않다. 장사에서 중요한 것이 뭔지도 모르고 뛰어드는 창업자는 필패가 정답이니 말이다.

10

세 번째 성공작, 라면사리 공짜

사실 이걸 성공작이라고 말할 수는 없다. 그런데 나는 이 작은 것으로 성과를 봤다. 12회전을 넘긴 동태탕집, 15회전을 넘긴 부대찌개집을 만들었다. 물론 4인분을 팔지 않는 탕과 찌개로 일군 성과다. 그런데 그 내면에는 라면사리도 있었다.

첫 부대찌개집을 만들 때였다. 인수한 식당이 부대찌개집이었다. 업종을 바꿀까 고민하다 먹어 본 그 집 부대찌개는 너무 별로였다. 그래서 장사가 되지 않았던 거고, 그래서 맛을 보강하고 컨셉을 입히면 충분히 업종을 바꾸지 않아도 나아질 거란 판단이 들었다. 대형 오피스 건물 지하의 15평 식당이었는데 업종을 바꾸면 아무래도 새로운 손님을 잡는 것도 불편하고, 부대찌개가 간판이 바뀌지만 또 부대찌개집이라면 궁금해서라도(그 전 부대찌개 맛이 없으면 없을수록) 올 거란 판단이 섰다. 그리고 오피스가의 절대원칙인 1인 1식을 버렸다. '부대찌개 4인분은 팔지 않아요'로 먼저 손님에게 선방을 날린 것이다.

나는 1인 1식을 극도로 혐오한다. 내가 식당 장사를 하지 않아서라고 따지는 사람들도 있지만, 손님은 대부분 1인 1식에 반감이 있다. 덜 먹는 사람도 있고, 배가 부른 사람도 있다. 안 먹어도 되는데 함께 가자니까 온 사람도 있다. 그런 사람에게까지 강권하는 1인 1식이라면 어떨까? 심지어 어린아이임에도 '초등 고학년부터는 1인 1식입니다'라는 멘트를 꼭 써야 하는지 묻고 싶다. 된장찌개 2인분에, 김치찌개 2인분은 정당하다. 그렇게 주문할 때 손해 보는 느낌은 없다. 하지만 된장찌개 4인분이나 김치찌개 4인분은 억울하다. 왠지 억울하게 주고 먹는 느낌이 드는 게 사실이다. 그래서 대부분은 3인분에 공깃밥 하나 추가한다. 주인은 그게 못마땅하니 레이저를 쏘거나, 잘되는 식당이라면 4인분을 주문하셔야 한다고 콕 짚어 말한다.

그냥 3명이 왔다고 생각하면 안 되나? 그럼 내일 당장 망하나? 그런 마음으로 미리 4명에게 3인분 드셔도 충분하다고 말하라고 하는 훈수가 그리도 시비를 걸어야 할 말일까?

〈4인분은 팔지 않아요〉
〈라면사리는 마음껏 드세요〉

당시 망한 부대찌개집의 1인분 가격이 7,000원이었다. 나는 간판을 바꾸면서 8,000원을 받았다. 2명이 2인분을 시키면 2,000원이 더 생겼으니 개당 원가가 200원짜리인 라면사리를 10개 먹어야 손님이 본전이다. 식당은 손해 본 것이 하나도 없다. 3명이 2인분을 먹어도 괜찮다. 그냥 한 명 안 왔다고 생각하면 된다. 2명씩 2팀이 왔을 때 테이블이 4인석이니까 한 테이블에서 같이 먹으라고 할 수는 없지 않은가? 심지어

가스 불도 없는데. 하지만 '4인분은 팔지 않는다'는 선방에 3명 손님은 알아서 3인분을 주문한다. 4명일 때만 당당하게 '3인분 주세요'라고 말한다. 손님은 대체로 천사다. 어쩌다 진상 하나가 물을 흐릴 뿐이다.

라면사리를 공짜로 먹게 하는 것도 포인트가 있다. 그 포인트까지는 여기서 설명하지 않겠다. 내 밥벌이가 위협되서가 아니라 라면사리를 카드로 쓰는 〈맛있는 창업〉 식당들을 위해서다.

참고로 라면사리는 개당 200원 정도다. 5개를 먹어야 천원이다. 손님에게 천원을 깎아줘 보자. 좋아할까? 감동할까? 그렇지 않다. 하지만 라면사리는 다르다. 실제 원가는 200원이지만 어디를 가든 식당에서 판매가는 천원이다. 그 차이에서 이 별거 아닌 '라면사리 공짜'라는 무기가 힘을 얻는 것이다. 물론 지금의 〈맛있는 창업〉에서는 무조건 사리 공짜를 무기로 쓰라고 하지는 않는다. 그보다 더 큰 무기로 갈고 닦아서 쓰도록 권한다. 그저 공짜보다는 스킨십의 재료로 쓰라고 권한다. 하지만 사리 공짜는 어쨌든 간에 내가 만든 3번째 성과물임에는 틀림없다. 어지간한 체인 본사들도 다 따라 하게끔 했으니 틀리지 않다.

11

무기 하나,
'4인분은 팔지 않아요'

같은 음식을, 특히 찌개나 탕 4인분을 기꺼이 시키고 싶은 사람이 있을까? 나는 '없다'는 데에 모든 것을 걸 수 있다. 3인분과 4인분의 양은 좋게 보면 차이가 나고, 의심의 눈초리로 본다면 역시나일 것이다. 그래서 손님들은 4인분을 피하기 위해 여러 가지 묘안을 낸다. 보편적으로는 "한 사람은 먹고 왔으니 3인분만 주세요"라고 한다. 어떤 사람은 차라리 "너는 주문 끝나고 5분쯤 밖에 있다 들어와"라고 하기도 한다. 대체로 모질지 못한 착한 성품 탓이다. 물론 주인의 눈에는 영악하게 보일 테지만 말이다. 또 어떤 사람은 선수 치듯 미리 큰소리로 화를 내듯 말한다. "3인분만 줘요. 공깃밥 하나하고."

이것 말고도 여러 가지 형태가 있겠지만, 이것이 중요한 쟁점은 아니니 알아서들 이해하면 된다. 하여간 중요한 것은 손님은 같은 메뉴 4개를 한 테이블에서 먹기를 거부하고 싫어한다는 점이다. 그렇다면 그걸 공략하면 된다. 미리 4인분은 팔지 않는다는 원칙을 정해두면 된다. 그걸 단순히 원칙이 아니라 컨셉으로 발전시키면 된다. "4인분은 팔지 않습니다. 4명은 3인분만 시키세요. 공깃밥 추가하시고, 남는 돈으로 아이스크림 사드세요."라고 미리 공격하면 된다. 그럼 머리를 쓰는 손님은 편해서 좋고, 괜히 화를 내듯 목청을 크게 하던 손님도 진상짓을 하지 않아도 되니 좋다. 좋다 못해 즐겁다. 그래서 오히려 사리를 듬뿍 시키거나 기를 쓰고 4인분을 청하기도 한다. 팔지 않는다니까 기어이 해달라는 기이한 일이 벌어진다. 혹은 포장을 덤으로 청한다. 고마운 마음에 포장을 청해서 더 팔아주려는 마음을 보인다. 손님들은 원래 '천사과'라서 그렇다. 자기의 기분을 먼저 맞춰주면 그것에 대한 고마움을 어떡하든 표현하려는 천사표가 많아서 그렇다.

4인분을 기어이 시키지 않아도 좋다. 포장을 하지 않아도 좋다. 재방문을 자주 해주는 것으로, 다른 손님을 새끼 치는 것으로도 충분히 식당은 고맙다. 4인분을 포기한 그 대가를 받는 것이다. 그래서 4인분은 굉장한 무기가 될 수 있다. 원래 4명이 오는 빈도수가 약하기 때문에 사실 4인분을 팔기회도 별로 없다. 어차피 팔리지도 않을 4인분 찌개와 탕을 미리 팔지 않겠다고 공언한 것뿐인데 2명의 손님에게도 식당은 좋은 인상을 주고, 3명의 손님에게도 기쁜 방문으로 남는다. 물론 실제 혜택을 보는 4명의 손님이야 말할 것도 없을 것이다.

식당, 생각을 깨야 이긴다

이 간단한 개념을 깨달았을 때 나는 보석 하나를 주웠다고 자신했다. 그리고 이 보석이 진짜임을 확인했을 때부터 꼼수 마케팅이 아니라 진짜 '이타의 장사'가 뭔지를 파고들기 시작했다. 기브앤테이크가 뭔지를 제대로 들여다보기 시작했다. 살을 주고 뼈를 얻는 이득의 장사를 만들어 내기 시작했다. 그건 어렵지 않았다. 내가 손님의 입장에서 식당에 원하던 것을 정리하면 그뿐이었으니까 말이다.

12

무기 둘, '인원수대로 주문하지 마세요'

대부분의 식당은 인원수 주문을 원한다. 사실 당연한 것이고, 그게 옳다. 식당의 입장에서는 반드시 그래야 한다. 그런데 돈을 내는 손님은 그걸 달가워하지 않는다. 자신의 돈이기 때문이다. 덜 내고도 먹을 수 있는 방법을 찾는 게 바로 손님이다. 같은 물건을 온종일 인터넷을 뒤져서 최저가를 찾는 게 바로 손님의 일이다.

어렸을 때 본 코미디 프로에 그런 게 있었다. 때는 과거였고, 주막에 간 부부가 국밥 2개를 시켰다. 아이 것은 시키지 않았다. 애가 얼마나 먹냐고 타박부터 했다. 그리고 엄마는 짜다고 투정을 해서 국물을 더 받아냈고, 아빠는 밥의 양이 적다고 투정을 해서 밥을 더 받았다. 그렇게 더 받은 국물과 밥을 따로 말아서 아이에게 먹이는 코미디였다.

탓할 거 없다. 그게 정히 싫다면 테이블을 2인상으로 놓으면 된다. 그럼 3명이 절대 2인분을 시킬 수 없다. 먹을 게 있고 없고를 떠나 먹을 자리가 없으니까다. 그런데 식당의 테이블은 4인용이 대부분이다. 2인용 테이블은 몇 개 없다. 그렇다고 2명 손님에게 비어 있는 4인용 테이블 대신에 2인용을 권하면 손님은 앉지도 않고 나간다. 멀쩡한 4인석 놔두고 좁은 2인석에 앉고 싶은 사람은 없기 때문이다.

그렇게 대부분 4인석에서 2명이 먹는다. 4인석에서 3명이 2인분을 시켜도 사실 이상할 거는 없는 셈이다. 덩치 큰 성인 3명이 2인분만 달라지는 않는다. 그렇게 막돼먹은 사람은 드물다. 아이를 낀 3인이 2인분을 시키는 게 대체로다. 그걸 고까워할 이유는 없다. 그게 싫다고 '초등 고학년부터는 1인 1식입니다' '어린아이도 1인 1식입니다'를 기어이 쓸 이유가 있을까 싶지만, 작금의 상황은 흔히들 그렇게 1인 1식을 권한다. 하지만 권할 뿐이다. 1인 1식을 시키지 않는다고 나가라고 하는 식당은 손님이 줄 서는 절대 갑이 아니고서는 대부분 실제 덜 주문해도 아무 말도 못한다. 힘이 없어서다. 손님을 제압할 힘도 없는데 그 1인 1식을 강요하는 게 때로는 웃기다. 아무 말도 못하고 3명이 덜 달라면 2인분 팔 거고, 4명이 덜 달라면 3인분 줄 거면서 왜 그걸 써두는지 모르겠다. 기다렸다 먹는 사람들은 알아서 인원수대로 시킨다. 눈치가 있어서다. 이런 집에서 덜 시키면 안 팔 수 있다는 경험을 가졌기에 알아서 척척 인원수대로 주문한다. 하지만 기다리지도 않는 손님 없는 한가한 집에서 굳이 인원수 주문을 하는 경우는 없다. 1인 1식이라고 쓰여 있어도 보란 듯이 한 명 걸로는 공깃밥을 달라고 한다. 역시나 식당은 아무 말도 못한다.

중요한 것은 손님을 이해하는 거다. 2명에게 1인분은 팔지 못한다.

그건 나도 용납할 수 없다. 식당이 봉사를 하는 것도 아니고 그건 말이 되지 않는다. 최소의 주문은 2인분이다. 4명이 2인분도 용서할 수 없다. 팔지 않는다. 그런 손님은 손님도 아니니 말이다. 하지만 여자 4명이 3인분, 아이를 포함한 3명이 2인분은 능히 그럴 수 있다고 배려하면 좋다. 그게 도저히 용납되지 않으면 한 명이 덜 왔다고 생각하면 된다. 반찬을 더 먹어본들 개의치 말자. 2명이 2인분 시키고도 얼마든지 반찬을 추가시킬 수 있으니까 말이다. 그러니 1인분 덜 시키고 반찬 많이 먹는 염려에 신경 쓰는 일은 그다지 내 정신 건강에 도움이 되지 않는다.

먹다가 모자라면 더 시킨다. 맛있게 먹으면 당연히 더 시킨다. 맛없게끔 말하니까, 권하니까 딱 그것만 먹는 것이다. 시비를 거니까 시비로 응대하는 것이다. 4인석에 2명 앉는 건 당연한 일이다. 4인석에 5명이 끼어 앉아서 4인분 시킨다면 식당은 오히려 고마운 셈이다. 3명, 2명으로 나누어 앉아서 5인분 시키는 것보다 5명이 4인분으로 한 테이블을 사용해 주는 건 바쁠 때 엄청 고마운 일이다.

손님을 내 편으로 생각하고 계산하면 배려가 쉽다. 손님을 그저 한 번 보고 말 돈으로 보니까 따지게 되고 계산을 하게 되는 것이다. '4인분은 팔지 않아요'는 찌개와 탕에 어울리는 컨셉이다. 단품으로 제공되는 식당은 그 카드를 쓸 수 없다. 그래서 내가 건져낸 보석이 바로 '인원수대로 주문하지 마세요'다. 그렇게 먼저 손님에게 말을 걸면, 그렇게 대하는 식당이 없기에 그 자체로도 기억이 될 수 있고 다시 보게 하는 포인트가 된다. 호감이 생기고, 그래서 음식을 더 맛있게 먹는 건 당연한 보너스다. '내가 손님이라면?'으로 접근해서 풀면 그 어려운 숙제가 참으로 쉽게 풀리는 경험을 많이들 했으면 좋겠다. 장사는 손님을 이겨내는 싸움이어야 한다. 시시비비로 이기자고만 하는 싸움이 되어서는 식당이 손해다. 손님은 점점 줄어들 테니 말이다.

식당, 생각을 깨야 이긴다

13

무기 셋,
사리에서 남기지 않는다

공깃밥 천원은 얼마든지 받아도 된다. 필요해서 먹는 사람에게는 당연히 청할 가격이다. 하지만 라면에 공깃밥 하나는 벅차다. 그냥 반 공기 정도면 된다. 라면을 팔려고 차린 식당인지, 그저 공깃밥 팔려고 차린 식당인지 분간을 해보자. 그래도 기어이 라면에 공깃밥 한 공기 천원이라면 손님은 덜 사 먹을 테고, 공깃밥까지는 먹지 않았으니 덜 만족스러울 것이다.

사리를 팔아서 남긴다? 동태탕에 추가한 알곤이를 5,000원 받아서 3,000원쯤 남긴다? 부대찌개에 모둠사리 5,000원 받아서 거기서도 3,000원쯤 남긴다? 닭갈비에 우동사리 2,000원 받아서 1,500원을 남긴다?

좋다. 그렇게 장사해도 좋다. 하지만 우리는 그렇게 하지 않기 때문에 그런 고집이 고마울 뿐이다. 내가 만드는 〈맛있는 창업〉의 식당은 사리에서 남기지 않는다. 아니 아주 적게 남긴다. 사리는 마무리 펀치이기 때문이다. 남들은 마지막까지 뜯어내는 사리 마진을, 우리는 마무리에서도 놀래키는 강편치로 사용하니 어찌 차별이 생기지 않겠는가?

이미 동태탕 2인분, 3인분으로 돈을 벌었다. 내가 간판을 달고 취할 이득은 거기서 벌었다. 그렇다면 이제 앞으로 손님이 추가하는 것은 공짜라고 생각해야 한다. 덤일 뿐이다. 주문하지 않았으면 발생하지 않았을 매출이 손님의 주문으로 추가되는 아주 훌륭한 시간과 기회가 온 것이다. 그 기회를 놓치지 말아야 한다. 내가 더 먹으라고 권한 게 아니라 손님이 자발적으로 추가로 달라고 했으니 거기서 또 놀래키면 정말 근사하지 않을까?

사리 추가의 값은 남들과 똑같이 받아도 된다. 다만 알곤이 추가 5,000원을 받았다면 4,000원어치쯤 넣어주자. 부대찌개 모둠사리 5,000원이면 역시 4,000원어치를 넣어주자. 우동사리 2,000원이면 두 봉지 줘도 원가는 겨우 1,000원이다. 남보다 우동면을 곱으로 주고도 1,000원이 남는다. 추가로 주문하지 않았으면 발생하지 않을 이득 1,000원이다.

추가로 주문하지 않았다면 손님은 덜 배부르게, 덜 만족하고 나갈 것이다. 이게 매우 중요하다. 1,000원을 더 번 것은 크게 티 나지 않고, 이익으로 체감되기도 힘들다. 그러니 손님이 나가면서 "이렇게 줘도 남아요?"라고 손잡는 것은 당연히 크게 남는다. 그런 집을 가본 적이 있는가? 싸게 주는 집은 흔하다. 라면사리 500원 받는 집도 있다. 그런데 싸게 줘도 손님은 감동하지 않는다. 라면사리는 마트에서 200원쯤이라는 것을 알기 때문에 싸게 줘도 사실 고마워하지 않는다.

　하수는 이 말에 반론을 제기한다. 이렇게 사리를 듬뿍 남김없이 주면 4인분 먹을 거 3인분에 사리 추가, 3인분 먹을 거 2인분에 사리 추가할 건데 그럼 식당이 손해 아니냐고 대든다. 여럿 봤다. 지겹도록 봤다.
　"그럼, 그렇게 팔아라. 4명에 4인분, 3명에 3인분 기어이 팔아라. 대신 사리는 추가하지 않을 테고, 사리까지 먹지 못해서 만족도가 없으니 재방문은 당연히 없을 것이다. 급기야는 점점 손님이 줄어들어 문을 닫게 될지도 모른다. 기어이 사리에서까지 이득을 다 남길 만큼 악착같이 남겨 판 대가를 나중에 뼈저리게 후회할 것이다."

　이 무기 또한 엄청나게 빛나는 보석이다. 아무리 떠들어도 주워가지 않는 게, 속는 셈 치고 닦아서 써보려고 하지 않는 게 신기할 뿐이다. 하지만 내가 손대는 식당은 모두 이렇게 한다. 그렇게 경쟁력을 손쉽게 얻는다. 경쟁력을 가진 식당이 결국 이길 거라는 것은 당연한 일이 아닐까?

14

무기 넷,
할인보다는 덤과 업그레이드다

깎아 주면 고맙고 기분이 좋다. 그런데 그 좋음은
오래가지 못한다. 심지어 의구심도 들고, 그 전에 치렀던 정상가격이
불안해진다. 그게 사람 심리다. 어쩌다 할인을 해줘도 기분이 별로다.
할인을 하지 않을 때 구매하는 일이 손해 보는 느낌이 들어서다. 그렇
다고 할인을 자주 해주는 것도 별로다. 도대체 어느 게 제값이고, 언제
사야 제대로 샀는지 판단이 서지 않아서다. 이래서 할인은 큰 의미가
없다. 저관여의 가격이거나 자주 사야만 하는 생필품류라면 그건 좀 다
르지만, 어쨌든 지금은 식당 컨설턴트로서 식당과 장사에 대한 이야기
니까 그걸 기어이 설명하지는 않겠다. 그냥 밥값·술값 할인에 대해 하
는 소리다.

단골이라서 우수리를 깎아 줄 수는 있다. 하지만 그걸 할인이라고 할
수는 없다. 특히 현금이 아닌 카드로 대부분 결제하는 지금의 상황에서
그런 우수리는 깎아 주지 않아도 상대방 역시 아쉬워하지 않는다. 깎아

줌은 그런 거다. 큰 액수를 깎아 주기 전에는 티가 나지 않는다는 것을 알아야 한다. 그래서 덤을 주는 게 현명한 일이다. 단골이니까 더 주고, 여럿이 와서 팔아주니까 더 주는 거다. 포장을 해달라고 하면 장소 값, 테이블 값, 서빙 값을 빼고 더 넣어주는 게 옳은 일이다.

다시 말하지만 깎아 준다는 것은 깎아 주고도 그만큼 남는다는 뜻이다. 그러니 정상가격일 때는 엄청 남는 것으로 이해된다. 그래서 그 값을 치르기를 거부한다. 재방문을 하지 않음으로써 거부를 대신하는 셈이다. 그래서 식당에서 할인마케팅은 절대 해서도, 생각조차도 하지 말아야 할 카드다. 그 카드는 아무리 휘둘러도 효과가 없다. 오히려 나에게 더 큰 상처를 안겨줄 뿐이다. 막상 할인을 포기하고 정상으로 가려고 할 때, 그때는 그 가격이 먹히지 않는다. 그래서 할인이 아니라 낮아진 가격을 이제는 정상가로 다시 매겨서 팔아야 겨우 팔린다. 스스로 가격에 저관여를 맛 들여놓은 탓에 아무리 가성비를 입히더라도 본인 식당의 고관여는 먼 나라의 이야기가 되어 버린다.

포장을 해가면 2~3천원을 빼준다는 현수막이나 메뉴판을 본다. 양심적인 장사다. 그런데 양심만 있고 지혜는 없다. 또 손님을 오게 할 타이밍, 손님이 더 즐거워할 타이밍을 놓친 아까운 2~3천원이다. 치킨이나 족발, 아구찜을 포장하면서 2~3천원을 깎아 줌에 고마움을 느낄 사람은 별로 없다. 겨우 그 정도에 감동할 사람은 없다. 그러니 깎아 주지 않아도 된다. 차라리 그 돈을 재료에 넣자. 재료로 넣으면 식당의 음식이라는 것은 3배쯤의 마술을 부린다. 재료비 1,000원은 3,000원쯤의 값어치가 되고, 3,000원의 재료비를 쓰면 1만원에 준하는 무엇이 만들어진다. 그건 식당을 하는 사람이면 알고, 손님도 눈치가 제법이면 알 수 있는 부분이다. 손님에게 되돌려주는 현금 2~3천원은 그저 2~3천원에 머물지만, 그것을 원가로 음식으로 만들어 내면 1인분 정도의 양은 더 늘어날 수 있다. '포장을 하시면 같은 가격에 1인분을 더 드려요'가 되는 셈이다. 포장용으로 깎아 주려고 한 2~3천원 덕분이다. 그래서 이런 제안을 받는다면 마음에 없던 포장을 선택할 수 있고, 그로 인해 테이블은 더 늘어나지 않았는데 매출이 오르는 그런 날이 되는 것이다. 그 빈도수가 높아지면 당연히 전체적인 평균 매출이 쑥쑥 올라가게 되는 것이다.

단골에게도 덤을 주는 게 좋다. 메뉴판에 없는 것을 일부러 '단골이니까 드려요'는 아주 신나는 카드가 된다. 손님이 그렇게 좋아하는 모습을 본 적이 없을지도 모른다. 별거 아닌 찬인데, 다른 테이블에 주지 않는 것을 누군가에게만 특별히 준다는 것은, 내 가족이 하는 식당이 아니고서는 경험이 있을 리 없다. 그래서 좋아한다. 메뉴판에 있는 것을 덤으로 줘도 좋기는 하지만 손님의 의심은 끝이 없기에 남은 것을 서비스로 준다고 오해하는 순간 내 진심의 카드는 잔반처리용 칼날이 되어 버릴 수 있다. 그래서 기왕이면 메뉴판에 없는 것을 덤으로 줄 때 효과가 더 크다. 누구에게나 골고루 친절한 남자와 오직 나에게만 잘해주는 남자라고 생각하자. 그래도 이해가 가지 않으면 어쩔 수 없다. 장사는 영 못할 체질이니 피하고 또 피해야 한다.

식당, 생각을 깨야 이긴다

15

장사는 ○○다

필자의 답부터 이야기하면 '장사는 스킬'이다. 좀 더 명확히 이야기하면 '장사는 스킨십'이다. 컨설팅을 처음 시작할 때는 '마케팅'이라고 알고 있었고, 5년쯤 되자 '아이템'이 중요한 거 같았다. 관여도를 깨우친 후로는 장사는 '컨셉'이 최고라고 생각했던 때도 있었다. 물론 지금도 컨셉을 입히는 일을 주력으로 하지만 필자가 직접 해 줄 수 없는 것이 '장사 스킬' '손님과의 스킨십'이다. 그리고 지금은 장사에서 이 두 가지가 제일 중요하다고 절실하게 느끼고 있다.

똑같은 아이템으로 장사를 시작했지만 성패가 갈린다. 그렇다면 컨셉의 문제인가? 아니다. 모두 내가 만들어 줬으니 컨셉은 동일한 수준이다. 물론 입지의 차이가 있을 수 있고, 규모와 시설의 차이도 있을 수 있다. 그런데 현저히 나쁜 입지, 인테리어를 하지 않은 상황에서도 잘 해 내는 것을 보면서 확인할 수 있었던 것은 결국 스킨십이었다.

식당에 가면 인사를 한다. 그런데 손님의 얼굴을 보고 하지 않는다. 외려 눈을 피하는 경우도 종종 있다. 주문을 받을 때도 메뉴판을 전달하는 것이 전부다. 메뉴를 소개하거나 메뉴를 권하는 일은 없다. 비싼 메뉴를 권하는 주인이 아니고서는 직원들 모두 얌전히 메뉴판만 가져다준다. 이때도 손님과 눈을 마주치는 일은 없다. 후딱 주고는 자리를 비켜난다. 음식을 가져다주면서도 역시나 말이 없다. '맛있게 드세요'라는 영혼 없는 말이 전부일 뿐이다. 음식을 먹는 중간에도 알아서 찬을 채워주는 일은 거의 없다. 불러야 오고 시켜야 준다. 그렇다 보니 슬쩍 눈치껏 채워주는 서비스는 아주 귀한 경험이다. 마지막 계산 과정에서도 어떻게 먹었는지도 모르면서 '맛있게 드셨어요?'라고 묻는다. 손님이 남겼는지, 싹싹 비웠는지 쳐다보지도 않았으면서 맛있게 드셨냐고 묻는다. 그러면 손님은 그냥 어설픈 미소가 답이다. 역시나 마무리는 '또 오세요'다. 그게 일률적인 패턴이다. 동네 쌀국수집을 수십 번 갔어도 매번 한결같다. 아는 척이 없으니, 나를 안다고 느낄 수도 없다. 그렇게 자주 갔어도 언제나 처음 온 손님 대하듯 하는 식당들, 손님이 적극적이고 유난스러워야 좀 기억하는 그 마지못한 작태에서 식당은 무슨 음식을 팔 것이며, 손님은 무슨 맛을 느끼고 맛있게 먹는 즐거움을 만끽할 것인가?

기업들이 끊임없이 광고를 하는 이유는 별거 아니다. 기억되게 해서 재구매를 할 때 제발 잊지 말고 찾아달라는 소리다. 기업이 전 국민을 대상으로 오직 그 이유 하나로 엄청난 광고비를 쓰면서 매일 같은 광고를 하는 것이다.

하지만 식당은 그럴 돈도 없고, 전 국민을 상대로 할 까닭도 없다. 그저 온 사람에게만 잘하면 된다. 그래서 그가 재방문을 빨리해 주면 그게 최고다. 거기에 새끼까지 쳐서 새로운 손님을 내 식당에 데리고 온다면 그야말로 최상의 열매다. 그러자면 어떡해야 하는지 자신에게 물어보면 안다.

어떻게 응대하고, 어떻게 눈을 마주쳐야 하는지 손님 입장에서 생각하면 쉽다. 그런데 그것보다 중요한 게 인건비다. 인건비 아끼려고 주방에서 일하고, 인건비 아끼려고 일당백으로 움직이니 손님에게 신경 쓸 겨를이 없다. 스킨십이 뭔지도 알고 효과도 아는데, 손이 없으니 혼자서 정신없이 움직여야 하니까 어쩔 수 없이 못하는 경우도 있다. 모두가 인건비의 늪에 빠진 탓이다.

창업을 하려면 많은 돈을 들여 권리금과 인테리어는 어떡하든 해야 한다. 그런데 그리고 나서 후불로 주는 인건비는 어떡하든 줄이려 한다. 그건 줄일 수 있을 거 같고, 줄여도 될 거 같고, 내가 좀 더 힘들게 일하면 감당할 수 있을 거 같다. 이렇게 창업자들은 창업을 하면서 어떡하든 써야 하는 돈과 어떡하든 줄일 수 있을 거 같은 돈을 반대로 생각한다. 진짜 반대다. 권리금 주지 않는 자리면 어떤가? 인테리어가 화려하지 않으면 어떤가? 손님이 내 식당을 오는 이유가 뭔지를 생각해야 한다. 또 오게 하려면 어떻게 해야 하는지를 생각해야 한다.

방심은 금물이다. 지금 줄 서는 식당이라고 목에 힘줄 거 없다. 그 손님들은 당신의 거만이나 오만을 금방 눈치챈다. 그럼 끝이다. 그런 주인을 위한 재방문은 할 이유가 없다. 아무리 맛있어도, 아무리 분위기가 좋아도 싸가지 없는 식당은 무조건 필패다. 인건비를 아끼다가 이유 없이 그런 봉변을 당할 수 있다는 것은 사실 비밀도 아니다. 그저 인건비나 따먹는 그래서 자기 몸 상하는 줄 모르고 연명하는 그들만 모를 뿐이다.

식당, 생각을 깨야 이긴다

16
장사의 관점을 깨뜨려라

식당을 차리면 손님이 있어야 한다. 휴대폰이 없던 시절 대부분의 손님들은 별생각 없이 들어왔다. 그저 밥 한끼라고 생각하고 들어섰다. 하지만 점점 그 패턴이 바뀌고 있다. 휴대폰 속도가 빨라질수록 기왕이면 제대로 하는 식당을 찾으려 한다. 휴대폰이 없던 시절에 비해 식당의 수는 엄청 많아졌지만, 반대로 식당은 나아지는 게 아니라 퇴보되었다고 해도 과언이 아닐 만큼 한심해졌기 때문이다. 물론 변명은 있다. 과거에 비해 임대료가 엄청 높아졌고, 인건비 또한 무서울 정도로 높아졌기 때문이란다. 틀린 말은 아니다.

그러나 식당을 차리기 전부터 그건 이미 알고 있던 사실이다. 홀 서빙의 급여, 주방 설거지의 급여가 얼마인지는 식당을 차리기 전에 이미 알았다. 임대료는 부동산을 통해 그 자리에서 알아냈다. 계약을 하고 나서야 월세가 얼마인지 아는 그런 우스꽝스러운 일은 있을 수 없다. 이미 다 알고 시작해 놓고선 월세와 인건비 핑계를 댄다. 그래서 '이렇

게 드려요' '더는 못 드려요' '1인 1식 하셔야 합니다' '3인은 가급적 中
大를 권합니다'라고 하는 것이다.

무서우면, 두려우면 시작을 말아야 하는데 시작은 보란 듯이 한다.
했으면 손님을 만족시켜야 하는데, 손님을 만족시키는 식당은 귀하다.
싸구려 찬으로 면피하는 식당, 누가 봐도 재료 원가가 얼마 되지 않을
음식을 비싸게 받는 식당, 리필을 귀찮아하는 식당, 3명이 小를 시키면
레이저를 쏘는 식당들이다. 그래서 식당은 즐비하지만 정작 믿고 갈 선
택지는 점점 줄어든다. 그래서 사람들은 실패하지 않는 손님이 되기 위
해 휴대폰을 꺼낸다. 그래서 걸러내는 작업에 오랜 시간을 들인다. 물
론 그것도 번번이 실패지만(SNS 낚시질이 대부분인지라) 말이다.

공급만 많아졌다. 그래서 똘똘한 경쟁자는 없는데 싸움은 더 힘들다.
무식한 상사가 엄청 바지런 떠는 것과 같은 이치다. 상대방이 합리적으
로 싸울 만해야 나도 해보겠는데, 그저 막무가내다. 인테리어 공세로
싸우자고 하고, 가격 할인과 이벤트 행사로 시비를 거니까 도저히 싸울
엄두가 나지 않는다. 내 것이 히트 치면 바로 옆에서도 따라 하는 철면
피는 어쩜 그리도 똑같은지 모른다. 아예 자존감이란 것은 집에 놔두고
나오는 것 같다. 그래서 식당의 경쟁자는 바로 한심한 식당들이다. 식
당 공부라고는 조금도 하지 않는 경쟁자들이 서로 비슷한 메뉴(다른 메
뉴를 하면 손님을 뺏기는 줄 아는지)로 골목 전쟁을 벌인다. 남이 잘되는 꼴
을 보지 않는다. 다 같이 죽자고 덤빈다.

그걸 바꿔주는 사람이 현명한 컨설턴트다. 맛있는 메뉴를 알려주는 건

　　　　　　　식당, 생각을 깨야 이긴다

쉐프가 할 일이지 컨설턴트의 몫이 아니다. 컨설턴트는 식당에 온 손님들이 맛있게 먹도록 개념을 잡아주는 사람이다. 그것이 핵심이다. 아무리 맛있는 음식이라도 손님 눈도 보지 않고 내려놓고, 리필 요구에 짜증 나는 얼굴을 보이고, 계산할 때 진심의 감사 표현도 하지 않는 식당이라면 화무십일홍이다. 잠깐은 잘될지언정 오래 갈 수는 없다.

맛은 십인십색이다. 사람마다 맛의 온도 차가 다르다. 같은 사람이라도 어떤 기분으로 먹는가에 따라 다르다. 같은 사람이라도 누구와 함께 먹는가에 따라 그 맛이 다르다. 그래서 맛에 절대적 평점은 존재하지 않는다. 미슐랭을 꿈꾸는가? 꿈도 꾸지 마라. 되지도 않을 일에 힘을 빼지 마라. 절대 안 된다. 그게 당신의 힘으로 된다면 그건 미슐랭이 아니다. 다만 20~30년쯤 버텨낸다면 아무리 서민적인 음식이라도 그땐 미슐랭이 문을 두드릴지 모른다.

특이한 메뉴, 먹히는 메뉴, 유행을 이끌 메뉴를 꼽아주는 사람이 전문가일까? 절대 그렇지 않다. 우리는 따라 하기 선수들이다. 금세 따라 한다. 아무리 복잡해도 따라 해낸다. 따라 하지 못하게 할 방법이 없다. 그래서 아무리 특별한 음식도 금세 질리게 만드는 시장을 우리는 흔하게 겪어 봤다.

따라 하지 못하게 하는 방법을 모색해야 한다. 패를 다 보여줘도 자기 식당에 가서 따라 해보려고 하다가 제풀에 주저앉게 만들어야 한다. 내가 만든 백여 개의 식당을 가보면 한눈에 다 보인다. 가보면 무엇 때문에 손님이 많은지 대충 눈에 들어온다. 그런데 따라 하기 힘들다. 딱 하나뿐인 메뉴라서 따라 하자니 겁이 나고, 그만큼 주려니 남는 게 없을 거 같다. 1인분 덜 주문하라는 멘트를 손님이 원하지도 않았는데 식당이 먼저 꺼내야 할 이유를 몰라서 하기 싫어진다.

그래서 맛창 식당은 패를 다 보여주지만, 따라쟁이가 쉽게 생겨나지 않는다. 바로 관점의 차이가 달라서다. 그 관점은 훔쳐본다고 얻어지는 게 아니라 매일 학습되는 습관에서 얻어지는 장사의 셈법으로 완성되는 열매다. 그 방향을 잡아주는 일이 컨설턴트가 할 일이다. 기가 막힌 자리, 기가 막힌 업종을 제안하는 사람이 아니라 평범한 것을 슬쩍 비틀어 비범하고 차별되게 보이게끔 만들어 내는 사람이 컨설턴트다.

식당, 생각을 깨야 이긴다

17
밥과 김치는
기본 중의 기본이다

밥 하나 맛있으면 한 그릇 뚝딱이고, 김치 하나 맛있으면 전국을 제패할 수 있다. 누구나 할 수 있는 그 흔한 음식 하나로도 먹고사는 데 큰 지장이 없다. 다만 너무 쉬워서 오히려 어려울 뿐이다. 식당의 음식도 결국은 밥이 기본이다. 거기에 김치가 있을 수 있고 없을 수도 있다. 하지만 양식이 아닌 다음에야 김치는 어디든 빠지지 않는다.

그런데 식당에 가보면 김치가 제대로인 곳이 별로 없다. 김치를 만들기 힘든 탓이다. 무거운 배추를 사 와서 뜯어내고 씻어내는 작업, 거기에 소금을 먹이고 소를 만들어 일일이 버무려야 하는 고단한 작업 탓이다. 김치찌개 전문점도 아니니 그런 수고를 통해 김치를 만들라고 할 수도 없다. 그래서 식당의 김치는 공장 김치가 대부분이다. 요행이 김치를 직접 담근다면 그 자체로도 소문이 나는 게 작금의 현실이다.

공장 김치는 직접 만드는 김치에 비해 대체로 비싸다. 하지만 인건비를 생각하면 훨씬 싸다. 그래서 그 선택은 사실은 옳다. 그런데 공장 김치를 더 싼 가격에 구매하려는 마음이 문제다. 중국산 중에서도 A급은 국산 김치와 가격이 비슷하지만 식당주들은 무조건 싼 것을 찾는다. 좋은 중국산을 놔두고 싼 것을 들여와서 '중국산은 원래 이렇다'고 변명을 한다. 아니다. 좋은 중국산은 국내산 못지않다.

인건비와 시간 탓에 김치를 담지 않는 것은 이해하지만 싸구려로 대체하는 것은 이해될 수 없다. 식당 주인만 스스로에게 용서하고 타협할 뿐이다. 10kg에 1만원 초반대 김치를 맛있게 먹어 줄 손님은 없다. 모르고 먹는 손님만 있을 뿐이다.

어머니들은 다 김치를 담글 줄 안다. 그런데 그 좋은 솜씨로 식당을 해도 백전백패다. 문제는 '적당히'에서 출발한다. 혹은 '김치, 그게 뭐라고?'라는 안일함에서 출발한다. 김치 하나만으로 전국을 제패할 수 있다. 실제 그런 곳도 흔하다. 제패할 만큼의 실력이 쉽지 않을 뿐이다. 그렇다면 시장을 좁혀보자. 전국도 아니고, 내 동네도 아니다. 그저 내 식당이 있는 골목 정도로만 좁혀보자. 남들이 다 알면서도 일부러 싸구려 중국산 김치를 쓸 때 국내산 김치를 사서 쓰고, 그것도 가급적 좋은 김치를 사서 쓴다면 일단 단단한 무기 하나가 생긴 것이다. 손님들이 가장 의구심을 가지면서도 어쩔 수 없이 찾는 그 김치라는 재료에서 신뢰라는 점수를 얻는 것이다.

김치에서 이렇게 쉬운 맛을 들이면, 그다음은 쌀이다. 어차피 내가 먹을 밥 아니니까, 어차피 지은 밥은 공기에 꾹꾹 눌러 담을 거니까 굳이 좋은 쌀이 아니어도 된다고 곡해한다. 그렇게 눈에 띄지 않게 저렴한 쌀로 조금씩 식당을 바꿔 간다. 심지어 전날 한 밥도 어떡하든 오늘 아침에 한 밥이라고 우기면서 판다. 이미 시킨 음식, 밥이 전날 거 같다는 의심으로 물릴 수는 없는 일이니 손님은 인상을 쓰고 먹어야 한다. 그리고 다음엔 가지 않는다. 그 식당만 가지 않으면 괜찮은데, 그 의혹의 마음은 전체의 식당으로 향한다. 그래서 밥 하나 제대로인 식당이 착한 식당이 되는 세상이다. 5만원짜리 쌀과 3만원짜리 쌀의 값 차이는 2만원이나 되지만, 그걸 한 공기로 쪼개면 겨우 200원 정도 차이가 된다. 그것밖에 안 된다. 쌀값을 줄이면 엄청나게 이득을 보는 거 같지만, 손님에게 겨우 200원 더 벌기 위해 음식의 가장 기본인 밥에서 실망감을 주는 한심하고 허접스러운 작태를 벌이고 있다는 것을 깨달아야 한다.

한 식당 주인에게서 연락이 왔다. 냉면집이었는데 미국산 밀가루가 올랐다고 냉면 값을 천원 올리면 어떠냐는 문의였다. 하도 어이가 없어 화를 냈다. 밀가루 한 포대면 냉면을 최소 300그릇을 만드는데, 한 포대에 2,000원 올랐다고 당신은 300그릇에 천원씩 무려 30만원을 더 벌겠다는 소리를 하냐고 화를 냈다. 그 통화로, 그 돈 많은 고객은 나와 인연이 끝났다.

식당에 손님이 없는 가장 큰 이유는 손님의 빈정이다. 몰라서 들어와 먹기는 하지만 다시는 오지 않겠다는 작심을 안겨주는 식당이 대부분이다. '설마 그런 식당이 그렇게 많을까?'라고 할 테지만, 현실은 지천이다. 넘치고 넘친다. 지금 당장 이 글을 읽고 있는 당신이 오늘 점심, 오늘 저녁 가족과 함께 기꺼이 지갑을 열 만한 식당이 근처에 얼마나 있는지 생각해 보면 필자의 이 말에 절대 공감, 100% 인정을 할 수밖에 없을 테니 말이다. 그래서 그 기본을 지키는 식당들이 그것만으로도 돋보이는 것이다. 딱히 별거 없는데 이상하게 손님이 많다는 소리를 하는 것이다.

컨설턴트는 이렇게 근간을 깨워주는 일을 해야 한다. '직원을 가족처럼 대하라' '손님에게 친절해라' '권리금을 주고라도 유동량을 찾아라' 이런 뻔하고 지루한 말을 장사의 비책이니 묘수니 해대는 것은 참 딱하고 불쌍한 지식이다. 전문가라는 본인들의 노후가 걱정스러울 정도다.

18

사돈 땅 사는 꼴 못 본다

컨설턴트가 좋은 자리를 권하는 것, 결정해 주는 일은 매우 중요한 문제다. 식당에서 가장 큰돈이 들어가는 것이 바로 보증금과 권리금이다. 금으로 치장하지 않는 이상, 인테리어 비용이 그보다 더 들어간다는 말은 들어보지 못했다.

그래서 많은 전문가들이 상권을 분석하는 것을 컨설턴트 제1의 코스로 삼는다. 적어도 상권을 파악하고 이해하는 능력이 있어야 한다고 생각한다. 옳은 말이다. 그런데 식당 장사라는 것이 상권에 절대적으로 힘을 쏟아야 한다는 점에서는 반대다. 판매업이 아닌 외식업은 상권에 목 매이다 보면 밑 빠진 독에 물 붓기일 뿐이다. 그 이유는 다음과 같다.

1. 식당은 점유시간과 매출이 정비례한다. 식당에서 음식이라는 상품을 구매하는데 걸리는 시간은 최소 30분이다. 만들고 먹는 시간의 최소시간이다. 아주 바쁜 점심 한 시간 동안 테이블 15개에서 2회전이

전부다. 빨리 먹으라고 채근할 수도 없고, 먹자마자 일어나라고 할 수도 없다. 그리고 30분은 점주가 바라는 최적의 점유시간일 뿐 메뉴에 따라 대체로 그 이상이 걸린다.

2. 식당은 회전시간과 매출이 정비례한다. 식당을 찾는 사람들이 식당을 위해 일부러 먹는 시간을 쪼개주지 않는다. 식당 바쁠까 봐 일부러 점심을 1시 반에 먹거나 저녁을 5시 반에 먹어주지 않는다. 누구나 똑같은 12시에 밥을 찾고, 6~7시에 밥을 찾는다. 그래서 그 시간만 바쁘다. 그 시간 안에 몇 번 회전되느냐에 따라 매출 격차가 벌어진다.

3. 무엇보다 식당은 공간 싸움이다. 점유시간과 회전시간의 바탕에는 정해진 공간이 있다. 식사 한 그릇을 10분에 먹어도 테이블이 겨우 3개면 매출은 꽝이다. 하루에 5회전을 해도 테이블이 겨우 5개면 그 매출은 얼마 되지 않는다. 최소한 10개 이상은 갖춰야 식당은 수익을 기대할 수 있다. 그게 아니라면 회전율을 극대화할 정도로 뭔가 독특한 식당이 되어야 하는 것이다.

여기서 대부분의 사람들은 '목(자리)'이라는 점에 방점을 찍으려고 한다. 일부러 찾아오게 할 자신이 없기 때문에 그저 사람들 왕래가 많은 자리를 선점하려고 한다. 가만있어도 사람들이 쏠려 다니는 자리, 가만있어도 알아서 문 열고 들어오는 그런 자리를 차지하려고 애를 쓴다. 그런데 그런 자리는 눈이 있는 사람은 다 알 수 있다. 다니기 힘들 정도로 사람이 많은 자리가 비쌀 거라는 것은 초딩들도 안다. 누구나 다 아는 자리를 서로 탐 내니까 권리금이 오르고 월세는 비싸진다. 공급자는 정해졌는데 수요자가 많으니 더 높게 부르는 사람에게 사용권을 주는

식당, 생각을 깨야 이긴다

것은 당연한 일이다. 그리고 거기에 컨설턴트도 한몫 거든다. 좋은 자리를 권한다. 내 돈이 아니기 때문이다. 내가 낼 권리금도 아니고, 내가 매달 낼 월세도 아니라서 그런 자리를 좋다고 권한다. 그래야 한편으로는 실패할 여지가 적어서이기도 하다.

물론 현명한 컨설턴트는 그렇게 비싼 자리가 아니라 차선책을 찾는다. 저평가되었지만 충분히 가능성이 있는 좋은 자리를 권한다. 허접한 컨설턴트도 많지만, 가리고 가려서 선별하고 엄선한 자리를 추천하는 컨설턴트도 제법 많다. 그렇게 월세 저렴하고 권리금이 적당한 곳을 지혜의 눈으로 걸러서 찾아 주는 전문가를 만나야 한다.

문제는 그렇게 저평가되었지만 우량주인 입지를, 사돈이 땅 사는 꼴 못 보듯이 너도나도 뛰어든다는 점이다. 뭐 하나 잘된다고 하면 우르르 뛰어들어서 그 시장을 도입기에서 금세 성숙기로 만드는 대단한 재주를 가졌다. 중간에 반드시 있어야 할 성장기가 없다. 입학하면 다음 해 곧바로 졸업생이 되는 전문대처럼, 뜬다 했는데 곧바로 망하는 아이템이 되어 버린다. 아이템만이 아니라 '어떤 동네가 요새 뜬다' '사람들이 많이 찾는다'는 말 한마디면 돈을 싸들고 뛰어가 월세 더 낼 테니 자기에게 달라는 싸움에 능하다.

필자가 사는 곳에 다산신도시가 들어서는 중이다. 지인이 길 안쪽의 상가주택 30평짜리를 월세 440만원에 줬다는 소리를 들었다. 자기는 300만원도 비싸지 않을까 내심 걱정했는데, 처음 온 사람이 350만원을 먼저 불렀고, 다음 날 다른 사람이 440만원을 낼 테니 무조건 자기에게 달라고 해서 당연히 그 사람에게 임차권을 줬다는 이야기를 듣고 어이가 없었다. 그것도 싸구려 백반인 함바집을 할 생각이라는 소리에 더더욱 기가 찼다. 6,000원에 갖은 반찬을 내주는 식당을 해서 얼마나 남기려는지 몰라도, 완성되지도 않은 상권의(물론 공사장 작업자를 타겟으로 한 함바가 그래서 이유일 테지만) 30평 규모에 440만원을 먼저 불렀다는 게 어처구니없었다.

화무십일홍이다. 아무리 좋은 아이템도 질리기 마련이고, 아무리 대단한 상권도 언젠가는 쇠락한다. 상권은 움직인다. 랜드마크 하나가 상권의 흐름을 바꾸기도 하고, 개미들의 작은 업소들이 모여서 상권을 살려내기도 한다. 필자의 고향인 성수동이 핫플레이스가 될 줄은 꿈에도 몰랐다.

다만 나는 그 시장에 뛰어들고 싶지는 않다. 권리금을 많이 주고 들어간다고 장사가 잘된다는 보장도 없지만, 나보다 더 많은 권리금을 주고 더 나은 자리를 선점하는 경쟁자가 생기면 내 자리는 별 게 아닌 것이 된다는 것을 너무 잘 알기 때문이다. 그게 내가 권리금의 싸움을 피하는 이유이기도 하다. 계산도 없이 무조건 턱도 없는 권리금을 주고라도 내 식당을 꺾고야 말겠다는 무서운 초보자들이 반드시 있을 거라는 것을 아는 탓이다.

젠트리피케이션은 건물주 횡포의 문제라고만 볼 수 없다. 뜨는 상권이라면 너도나도 뛰어들고 보는 창업자들 습성이 더 큰 문제일 수 있다. 1등이 전부가 아닌데, 싸워서 얻는 1등만 가치가 있는 것이 아닌데 기어이 남을 밟고 눌러서 이기는 장사를 하겠다는 자영업자들의 생각이 사라지지 않는 한, 한국에서 건물주 노예살이는 그저 일상일지 모른다. 스스로 월세 노예살이를 자처하는 분들은 그래서 망해도 위로받을 수 없다.

식당, 생각을 깨야 이긴다

19

뻔한 비책
혹은 과거의 전설

최근에는 식당을 하다가 컨설팅에 뛰어드는 분들이 많아졌다. 개인적으로는 환영이다. 식당 경험은 전혀 없으면서 책으로 배운 컨설팅으로 남의 전 재산을 컨트롤한다는 것이 얼마나 위험천만한 일임을 알기에 정말 반갑고 고맙다. 직접 경험한 식당의 다양한 사건·사고들, 그 고비를 넘긴 자신의 노하우를 통해 멘토링을 해주는 일은 정말 멋지고 신나는 일이다.

단, 그것이 전부여서는 안 된다. 자신이 경험한 그 자체가 최상이고 전부라고 착각하지 않기를 바란다. 자기는 식당을 오래해 봤으니 누구보다 정확하다는 자신감은 버려야 한다. 오래한 것과 진짜를 아는 것은 다르다. 짧게 했어도 핵심을 정확히 아는가가 중요하다. 그저 경험뿐인 뻔한 비책은 비책이 아니다. 아집에 갇힌 기술은 시크릿이 아니다. 실체가 없는 훈수는 쓰레기다.

손님이 올 때까지 무조건 전단지를 돌려라! 그럼 올까? 마치 인디언들이 비가 올 때까지 그저 막연히 기우제를 지내는 것과 같은 소리다. 손님이 올 때까지 전단지를 돌리면 해결이 된다는 말을 청중을 모아 놓고 떠들던 강사를 보았다. 기가 차고 코가 막힌 쓰레기 훈수다.

직원을 가족같이 대하라! 이게 비책인가? 가족 이전에 직원을 주인 못지않은 능력자로 길러야 한다는 말이 먼저 아닐까? 직원을 아바타로 만들어서 손님을 리드하는 멋진 직원이 되게끔 하는 길잡이가 전제되어야 하는 게 아닐까? 가족같이 대한다고 가족이 되는지 묻고 싶다. 배울 것을 보여주면 직원은 따른다. 배울 거 없는 주인과 돈만 밝히는 주인과 가족이 되고픈 직원은 하나도 없을 거다.

진심을 다해 음식을 만들어라! 이게 묘책인가? 식당을 하는 사람이 진심을 버리고, 거짓과 위선으로 스스로 꺼질 불에 뛰어들 사람이 있을까? 그렇게 해서는 뻔히 망할 줄 아는데 말이다. 그 진심을 어떻게 만들고 표현하라고 알려주는 게 옳은 멘토이지 않을까? 진심이 보여지게끔 집중하고 인정하려면 하나에 제대로 집중하는 게 빠르다는 것을 알려주는 멘토가 되길 바란다.

유동량이 많은 자리를 찾아라! 이게 시크릿인가? 거기에 투자될 권리금과 월세는 남의 일이니까 그건 나와 상관없다는 뜻인가? 유동량이 승패의 전부라면, 왜 종로와 명농·강남역에서 망하는 식당이 즐비한 걸까? 사람과 손님을 혼동해서는 안 된다. 유동량은 지나가는 사람일 뿐이다. 손님이 아니다. 그걸 착각하고 시작하면 대부분 본인 의지와 상관없이 전 재산을 날리는 것이다.

뜨는 아이템을 찾아라! 뜨는 아이템의 기준이 무엇이고, 누가 그렇게 느낀다는 말인가? 설사 뜨는 아이템을 찾았다고 치더라도 그 아이템은 나만 봤을까? 너도나도 눈이 있고 귀가 있는 사람은 모두 알 텐데, 나만 그 아이템으로 먹고살 수 있다는 말인가? 뜬다 하면 뛰어드는 그 수많은 경쟁자들을 어떻게 할 건데, 뜨는 아이템을 찾으라는 말을 서슴지 않는지 그저 어처구니없을 뿐이다.

정도는 질 좋은 재료를 사용하면서도 원가를 낮추는 것이다.
정도는 큰돈 들이지 않고서 매력적인 식당이 되게 하는 것이다.
정도는 뻔한 메뉴라도 경쟁자를 제압하도록 포인트를 잡는 것이다.
진짜는 적은 돈으로 식당을 차리는 길을 안내하는 것이다.
진짜는 누구나 아는 메뉴를 일부러 찾게끔 가치를 만들어 주는 것이다.
진짜는 쉽지만 남들이 함부로 따라 하지 못하게 하는 것이다.

식당을 하면서 경험한 모든 것이 살이 되고 피가 되지 않는다. 나쁜 결과를 좋은 결과였다고 착각하는 순간, 그 멘티는 심각한 수렁에 빠진다. 어쩌다 성공한 팁이 대단한 불변의 법칙이나 되는 양 곡해한다면 그 컨설팅은 하염없이 산으로 헤매다 결국 오르기도 전에 부서질 것이다.

고깃집으로 50억원을 벌었던 식당 주인이 컨설턴트가 되었다. 그런데 그가 컨설팅한 식당의 승률은 형편없었고, 외면에 지친 그는 자신의 말이 맞다는 걸 보여주기 위해 직접 식당을 차렸다가 아주 크게 망했다. 그 뒤로도 그렇게 몇 번 망하고 나서 겨우 먹고 살기 위해 10평짜리 동네 구석진 자리에서 재기의 칼을 갈고 있다. 환갑이 넘은 나이에 말이다. 하지만 그 재기는 쉽지 않을 것이다. 50억원을 벌었던 당시와 지금은 소비의 패턴이 너무 바뀌었는데, 여전히 50억원을 벌던 그때의 개념과 방식을 고집하는 이상 절대 재기는 불가능할 것이다.

장사의 셈은 이타다. 스킬이 전부는 아니다. 자잘한 경쟁자가 많아질수록 하나로 견뎌내야 하고, 실력이 출중한 경쟁자가 많아질수록 원가의 늪에서 벗어나야 한다. 유쾌한 마케팅 몇 개로 먹히던 시대는 끝났다. 새롭다는 이유로 리드하는 세상이 아니다. 게다가 손님은 이제 식당 박사라고 할 정도로 양질의 정보를 가진 전문가들이라는 점도 그가 재기를 못하는 이유다. 경험이 소중하고 귀한 자산임은 맞지만, 인생 후반전을 믿고 맡겨도 고마운 자신감의 전부는 될 수 없다. 과거의 경험과 지식만으로 미래를 견뎌낼 수 없다. 끊임없이 변하고 잘되어도 달라지려고 노력해야 한다. 그렇게 몸이 일신우일신으로 습관되어야 한다.

식당, 생각을 깨야 이긴다

20

간결해야 명쾌하다

확실히 아는 것과 그렇지 않은 것의 차이는 장황함 이다. 아는 사람은 간단명료하게 말하고, 어설피 아는 사람은 그걸 감 추려고 말을 부풀린다. 그래서 말이 많은 사람은 여간한 달변가가 아니 고서는 대체로 외롭다. 허수와 허점이 다 들켜버린 탓에 달변이 아닌 다변으로 시끄럽다고 판단하기 때문이다.

핵심을 아는 것이 의뢰의 이유다. 나도 애매한데 물어갈 상대방도 애 매하다면 그 코칭은 불안하다. 정확히 뭐가 잘못된 부분이고, 그것을 어떻게 고치면 어떻게 반응할 거라는 말이 심플해야 믿음과 도전의 마 음이 생긴다. 그래서 컨설턴트는 애써 달변가가 될 필요가 없다. 스피 치 학원까지 다니면서 자신의 말에 귀를 기울이게 하던 선배들의 이야 기는 90년대에 끝났다. 그렇게 말 잘하는 컨설턴트가 되어야 할 이유는 없다. 침묵 속에서 툭 던지는 하나의 묵직한 이야기면 된다. 마치 대단 한 셀럽인 양 자신의 일거수일투족을 노출하는 사람들을 볼 때 비웃음이 나는 이유가 그거다.

핵심은 아주 단순하다. 손님에게 매력적인 식당이면 된다. 그것이 이벤트나 마케팅일 수도 있고, 돈으로 치장한 시설과 직원들일 수도 있다. 매력에 어떤 것이 옳고 그른 것은 없으니 말이다. 하지만 진짜 매력은 근본이다. 질리지 않아야 하고, 오래될수록 깊어지는 맛이 있어야 한다. 말 한마디도 진심이 담겨야지, 세련된 화술이라고 그게 먹히는 것은 아니라는 걸 깨달아야 한다. 꼭 샤프한 슈트를 입어야만 명강사인 건 아니듯이 말이다.

식당은 제값의 음식을 만들면 된다. 거기에 맛이 첨가되면 좋지만, 맛 이전에 손님이 내는 돈값을 하느냐가 우선 중요하다. 아무리 맛이 있어도 내는 돈에 비해 아깝다는 마음이 들면 그건 재방문이 될 수 없다. 자기의 돈을 낭비하면서 식당에 도움을 주는 손님이 있을 리 만무하다는 것은 아이들도 알 것이다. 제값이 어울리지 않으니까 할인을 하고 세일을 한다고 요란을 떤다. 제값으로는 팔리지 않는 상품을 만들어 할인 폭을 크게 해서 오직 그 맛에 사게끔 하는 사업은 오래갈 수 없다는 것을 우리는 안다.

식당의 음식도 그렇다. 호기심으로는 먹을 수 있다. 인증샷을 위해 분위기에 한 번 취해보고자 돈이 아까워도 사 먹는 기회는 종종 있다. 하지만 진짜로 내가 써야 할 타이밍에는 절대 그런 곳을 찾지 않는다. 그때는 진짜로 아깝지 않은 식당을 찾는다. 진심으로 내 얼굴을 봐주고, 진심의 언어로 인사를 하는 식당을 찾아 방문한다. 그게 손님이다. 영악한 것이 아니라 그건 아주 자연스럽고 당연한 결과다.

그래서 진짜 식당은 복잡하지 않다. 좋은 보고서가 한 장짜리에 모든 것을 이해할 수 있도록 일목요연하게 정리된 것처럼, 진짜 식당은 오직 손님이 맛있게 먹는 행복한 소비가 되는 것에 집중한다. 기분 좋게 계산을 하고 나가는 것에 전념한다. 손님이 먼저 식당에 말을 거는 것에 방점을 둔다. 그렇게 핵심을 알면 컨설턴트의 말은 장황해야 할 까닭이 없다. 식당도 이것저것을 장치하고 함정을 파지 않아도 좋다.

늘 잊지 말아야 할 것이 좋은 훈수는 쉽게 이해된다는 점이다. 그리고 실천과 도전도 어렵지 않다. 그렇지 않을 때는 뭔가 문제가 있는 훈수라고 의심해도 좋다. 손님의 눈으로 보면 너무 뻔하디 뻔한 소리가 정답이라는 것을 잊지만 않으면 된다. 식당 주인이 식당 손님으로 입장을 바꿔 보면 그 어렵던 문제가 술술 풀리는 신기한 경험을 하게 될 것이다.

21

자기 무덤
자기가 판다

권리금·시설비와 가격 정비례는 필패다. 그런데 이 개념을 많은 사람들이 착각한다. 그래서 좋은 자리를 선점하고도 망하고, 비싼 시설을 들이고도 손님을 끌지 못해 문을 닫는다. 계산을 현명하게 하면 좋으련만, 투자는 스스로 해놓고 그 투자비용을 음식으로 회수하려니 되도 않는 거다. 팔리는 개수로 회수해야 한다. 그게 정답이다.

도심 한복판에 있는 쇼핑몰에서 식당을 한다고, 권리금 많이 주고 월세가 비싸다고 김치찌개를 1만원에 판다면 팔릴까? 억이 넘는 권리금 주고 들어가 달라고 아무도 말하지 않았다. 악 소리 나는 월세를 내더라도 제발 김치찌갯집을 만들어 달라고 아무도 말하지 않았다. 본인 스스로가 결정한 일이다. 그 권리금 주어야 손님을 모을 거 같고, 그 월세를 내더라도 유동량이 많아 감당될 거 같아서 자초한 일이다. 그런데 제 돈을 많이 썼다고 음식값을 비싸게 받는 계산법은 도통 이해하기 어렵다.

김치찌개를 비싸게 받아도 되는 장소가 있다. 산 정상에 있는 식당이나 섬에 있는 식당이라면 그렇게 받아도 된다. 아니, 그래야 한다. 거기까지 재료를 옮기는 값을 들였음이 분명하니까 더 받아도 아깝지 않다. 백두산 천지에서 컵라면이 5,000원이어도 고맙다. 그런 곳에서 라면을 먹게 해준 식당이 감사하고 눈물 난다.

고속도로 휴게소의 수수료가, 백화점의 수수료가 30~40%라고 음식 값을 비싸게 받는다? 물론 식당의 마음, 주인의 결정이다. 누가 얼마에 팔라고는 하지 않는다. 거기의 장사꾼이 원하는 가격을 매길 뿐이다. 나름 팔리겠다 싶은 가격을 정하는 거다. 막무가내인 주인은 김치찌개를 1만원 받을 것이고, 마음이 약한 주인은 거리의 식당처럼 6~7천원쯤으로 받는 대신 재료를 빼서 원가를 낮출 것이다. 이러든 저러든 값어치가 없다는 사실은 동일하다. 그래서 손님들은 사 먹지 않는다.

고속도로 휴게소에 그렇게 사람이 많아도 식당에서 음식을 사 먹는 사람들은 방송 촬영하는 연예인들이나 맛있다며 먹을 뿐이다. 마지못해 군것질거리 정도만 하거나, 아예 그 허접함이 싫어서 먹지 않는 사람도 많다. 백화점도 마찬가지다. 백화점에 오는 우아한 손님이라고 터무니없는 값을 내고 음식을 먹지는 않는다. 마지못해서 먹을 뿐이다. 그래서 백화점에 입점한 식당도 망한다. 대형마트에 식당을 차렸다가 본전도 못 찾고 빠지는 식당이 바로 그 증거다. 마트 이용객은 많지만, 식당은 이용하지 않는다. 내용에 비해 비싸고, 지불하는 값에 비해 부실하다는 이유다. 거리의 식당과 같은 음식이 편리한 마트 안에 있다고 더 비싼 것이 용납되지 않기 때문이다. 거리의 식당 가맹점이 분명한데, 양은 거리보다 훨씬 적은 경험을 한 후로는 마트 안에서는 지갑을 열지 않기 때문이다.

　많은 권리금을 주고 비싼 월세를 내는 이유는 가만있어도 유동량이 넘쳐서 지나는 사람들이 지갑을 열어 줄 손님이 될 확률이 높기 때문이다. 그것 때문에 투자를 하는 것이다. 가만있어도 넘쳐나는 사람을 손님으로 만날 확률이 높아서이기 때문이다. 뒷골목이나 외진 장소에서는 하루에 김치찌개 50개 겨우 파는데, 그런 자리라서 하루에 300개를 파는 게 가능할 것 같아서 쓰는 투자다. 다행히 그런 투자를 할 여유와 환경이 되었길래 쓴 돈이다. 그렇다면 그 투자는 잊어야 한다. 뒷길에서 50개 파는 장사와 앞길에서 300개를 파는 장사의 간극만 이해하면 된다. 그렇게 많이 팔려면 상품은 동일해야 한다. 뒷길의 양과 가격과 최소한 같아야 한다. 앞길에서는 몇 배 더 확실하게 많이 파니까 그 월세를 주고도 이익을 얻을 수 있다. 뒷길은 통행료가 없고, 앞길은 통행료가 있지 않은데도 그 앞길에서 더 비싸게 팔 이유가 어디 있단 말인가?

　그런데 대부분은 투자금 회수를 위한 빠른 방법으로, 한 그릇의 음식값에서 회수하려고 한다. 태산만한 지출을 먼저 하고서 음식값에서 천원, 이천원의 티끌을 모으고 모아서 다시 태산을 만들려고 한다. 그래서 지갑을 여는 손님과 선의의 교집합이 이루어지지 않는다. 분명히 식당 앞으로 다니는 사람들은 엄청 많은데, 내 식당의 손님으로 들어오는 사람을 만나기 힘들다는 것을 경험하게 된다. 그 불필요한 경험이 쌓이고 누적되면 결국엔 만세다. 아무리 돈이 많아도 적자를 견딜 수 없으니 떠나야 한다. 쫓김을 당해야 한다.

　　　　　　　　식 당, 생 각 을 깨 야 이 긴 다

동네에 수억을 투자한 분식집이 있다. 비싼 권리금과 높은 월세는 동네 사람 모두가 추측이 가능한 자리다. 하루 종일 사람들이 지나다니는 명당자리다. 그런데 그 자리에서 그 많은 돈을 투자한 주인은 지금 알바 한둘을 데리고 하루 온종일 주방에서 일을 한다. 비싸게 파니까 손님이 적고, 가격에 비해 양이 터무니없으니까 손님이 없다. 그래서 매출은 오르지 않고, 그걸 감당하고자 인건비를 줄이기 위해 돈 많던 주인이 직접 일을 하고 있다. 투자를 하지 않았으면 부자였을 사람이, 식당에 큰 투자를 하고서 인건비를 맞추려고 자기가 일을 하고, 월세를 내기 위해 해보지도 않던 주방 일의 노예가 되었다.

웃음은 사라진 지 오래다. 가게를 내놓아도 들어온다는 사람이 없으니, 투자한 권리금과 시설비가 아까워 억지로 연명의 식당 문을 열면서 살고 있다. 수억을 투자했다면 한 그릇의 음식값에 조금 더 원가를 쓰는 건 사실 일도 아니다. 천원을 벌기보다는, 남보다 천원을 더 들여서 음식을 만들면 손님은 기뻐할 것이다. 음식에 3,000만원쯤 투자하는 것은 4~5억원을 가진 자산가에게는 아무 일도 아니기 때문에 남보다 아주 강력한 무기로 싸울 수 있는 것이다. 그걸 깨닫지 못하고 투자한 권리금과 시설비 3억을 급하게 회수하려고 하니까 더 깊은 수렁에 빠져 연명의 생으로 미친 듯이 달려가는 것이다.

1인 기업으로 21년을 넘어
30년을 향하다~

맛창은 회원제 형식의 식당 공부방입니다.
하루 1만원, 年 350만원의 비싼 **공부방**입니다.

2012년 여름부터 시작해 2017년 가을 200명 돌파.
맛창은 매일매일 10여개의 공부거리를 공유합니다.
전국 회원들이 투명한 정보와 투명한 거래를 공유합니다.
유료회원이 되지 않으면, 컨설팅을 받을 수 없습니다.
유료회원을 위하여, 외부 칼럼과 외부 강연도 하지 않습니다.

대한민국 최초
유료로 공부하는 식당들이 모인 곳 = 맛있는 창업
http://www.jumpo119.biz

professional manager
이경태 소장

맛창은 **식당운영의 개념을**
바꿉니다.

식당의 정석

1. 장사의 기교, 기술이 아니라 개념을 바꿉니다.
2. 손님이 먼저 친구하자고 손 내밀게 제압합니다.
3. 또 와야 하는 가치 있는 식당이 되게끔 합니다.
4. 경쟁자보다 더 비싼 값을 받는 당당함을 갖습니다.
5. 맛있는 보다 맛있게 먹는 식당이 되게끔 합니다.
6. 장사는 **볼륨**의 결과라는 것을 깨닫게 합니다.
7. 장사는 재방문의 열매라는 것을 확인하게 합니다.
8. 원가를 높여서 경쟁자가 따라하지 못하게 합니다.
9. 살을 주고 뼈를 얻는 진짜 장사를 체험하게 됩니다.
10. 꼼수가 아니라 진심으로 손님을 남기는 식당이 됩니다.

외식컨설팅

21살 청년으로 자랐습니다.
손으로 식당을 만들고 있고
경쟁자가 없는 블루오션장에
차등을 만들고 있네요.
식당 컨설팅 승률은 8할을 넘고
신뢰점은 손 수십다고 하진 않습니다.

저를 지켜지키세요!
그림 지름길이 보이니다!"

OPEN

대한민국 최초 유료로 공부하는 식당들이 모인 곳 = 맛있는 창업 http://www.jumpo119.biz

대한민국 최초!
유료로 공부하는 식당들이 모인 곳 = 맛있는 창업 http://www.jumpo119.biz

2011년부터 연신내 초밥집을 시작으로
초밥 10알에
1만원의 시대를 만들다!
캐주얼 초밥집이 중국집보다도 흔한 곳도 있습니다.

2012년부터 2인분에
피자 공짜컨셉을 만들다!
심지어 프랜차이즈에서도 따라하는 컨셉으로
무슨 음식을 먹던, 고르곤졸라 피자를 공짜로 줍니다.

라면사리
공짜의 시대를 열다!
동태탕, 부대찌개 등에서 라면사리를
더 이상 돈 주고 사먹지 않습니다.

2015년부터
닭을 이용한
음식을 런칭하다!
닭반마리를 넣은 칼국수와 짬뽕
닭튀김을 넣은 우동을
만들었습니다.

2010년부터
관여도를 깨달아
저관여의 고관여 식당을
만들기 시작했습니다.
업종에 상관없이
평범한 메뉴도 고관여로
비틀어 런칭합니다.

2012년부터
본격적으로 가든창업에
초점을 맞춥니다.
월세 노예살이가 없고,
경쟁 심한 레드오션 시장을 벗어났습니다.
이전까지 불가능했던 1억 창업이
가든에서 실현되었습니다.

맛창의 창업
포인트 변천사

2013년부터
메뉴가 간단한 **온리원 식당**을
성공합니다. 짜장면은 배달시켜먹는 짬뽕집
삼겹살은 앞집에서 드시라는 돼지갈비집처럼
단일 메뉴로 동네 1등 식당을 만들기
시작합니다.

대한민국 최초!
유료로 공부하는 식당들이 모인 곳 = 맛있는 창업
http://www.jumpo119.biz

2016년부터
영업시간이 짧은 식당을 만듭니다.
낮 3시까지 문여는 돈까스집
4시까지의 우동집
6시까지 문여는 돌짜장 등
저녁이 있는 식당을
만들고 있습니다.

맛?〈맛창스럽다!

대한민국엔 **3가지 형태의 식당**이 있습니다.

http://www.jumpo119.biz

*이경태*의 **맛있는 창업**

맛창스럽다.는
신뢰해도 좋은 식당의 동의어
맛창답다.는
음식값이 아깝지 않음을 뜻합니다.

맛있는 창업의 유료회원
경자파(경영자문파트너)는
2012년 가을 시작되었습니다.

150	300	250	셀프컨설팅	전국 100개의 친구식당 생겨요
1년차	2년차	3년차(종신)	식당공부	경자파회원

경자파 출범 10년째
연회비를 150만원으로 내립니다.

어느덧 한길(외식코칭) 22년을 걸어왔습니다.

2016 2017 2018 2019

2000 2002 2004 2005 2008 2008 2010 2012 2016 2017

2012년 09월 경자파 001호
2014년 11월 경자파 100호
2015년 12월 경자파 141호
2016년 12월 경자파 161호
2017년 10월 경자파 200호
2019년 12월 경자파 250호
2020년 12월 경자파 258호